不動産テックの課題

一般財団法人
土地総合研究所 編
THE LAND INSTITUTE OF JAPAN

東洋経済新報社

はじめに

　2017年10月28日、東京国際フォーラムで日本FP協会の主催により開催された「FPフェア2017」において、基調講演を行った竹中平蔵東洋大学教授（慶應義塾大学名誉教授）は、「今、世界経済には乱気流と偏西風という2つの風が吹いている」と指摘した。

　第一の乱気流という風とは、2016年6月24日、英国で起こったブレグジット（Brexit）、11月8日の米国におけるトランプ大統領の当選とその後に見られる貿易制限措置などの事態の発生である。北朝鮮の地政学リスクもここに含まれよう。また、最近では、適温経済（ゴルディロックス）と言われるように、2017年を通して、新興国を含め順風な成長を続けてきた世界経済であるが、米国の長期金利の予想外の上昇等がもたらす世界的な株価の急落や新興国からの資金流出、中東情勢の不安定化に伴うイスラム世界の流動化、中国の過剰債務問題などもこれに当たろう。

　第二の偏西風という風とは、経済社会の底流に流れている第4次産業革命のもたらす普遍的なトレンドである。2011年にドイツ政府がインダストリー4.0という言葉を使ったのを皮切りに、2012年には米国と英国がビッグデータ（big data）の整備を開始し、ディープラーニング（deep learning）の分野でも画期的なAI（Artificial Intelligence＝人工知能）技術の進歩があった。世界に遅れること約4年、立ち遅れが目立つ日本でも2016年の政府の成長戦略において初めて第4次産業革命が取り上げられ、レギュラトリー・サンドボックス（Regulatory sandbox）（規制の砂場）と呼ばれる新産業創出に向けた実験の場を作ること等が提言された。

　今後、『サピエンス全史』の著者、ユバル・ノア・ハラリの言葉を借りれば、「データリズム」とでも呼ぶべき国境を越えるオープンな次世代ICT革命（ネッワーク情報通信技術革命）が不連続的に進展し、ブロックチェーン技

3

術の実用化が人々の予測を超えて拡大する可能性がある。AI、IoT（Internet of Things＝モノのインターネット）、ビッグデータ、さらにはディープラーニング、ロボットの組合せが新しいサービス・事業を生み、FAGA＋M（Facebook、Apple、Google、Amazon、Microsoft）と呼ばれる巨大デジタル企業による専制があらゆる産業に波及し、不動産業がこの影響を受けることも当然視野に入れなければならない。今大事なことは、産・学・官の協調の下で、各産業・各企業が、AI、IoT、ビッグデータ、ディープラーニング、ロボットというデータ駆動型経済のツールと適合的な組織や人材を備え、これといかに親和的で生産性の高いビジネスモデルを構築できるかということである。定型作業的な業務も少なくない日本の不動産業にその備えはあるのか、何をすべきなのかについて、各識者の提言はそれに対する警告を発しているようにも見える。

2018年5月

一般財団法人土地総合研究所 専務理事

荒井俊行

目　次

はじめに　3

第1章　第４次産業革命（ブロックチェーン）の進展が社会にもたらす変革と課題……9

東京大学大学院経済学研究科・経済学部 教授　柳川 範之

1　はじめに　9
2　ビットコインとはどういうものか　10
3　ブロックチェーンという仕掛け　15
4　ブロックチェーンが生み出すビジネス　16
5　不動産ビジネスに与える影響　19
6　ブロックチェーンの進展で起きること　21
7　スマートコントラクトとは何か　22
8　仲介事業者の役割が変わる　25
9　都市の未来像を推測する　27
10　IoTをいかに使うかがカギとなる　29
11　可変的な構造が求められる時代　32

第2章　不動産テックの現状と展望……35

ビットリアルティ株式会社 取締役／株式会社野村総合研究所 上級研究員　谷山 智彦

1　不動産業における産業革命の兆し　35
2　極めて生産性の低い日本の不動産業　36
3　テクノロジーが変革する不動産ビジネス　40
4　不動産テックがもたらす業界・市場への影響　43
5　日本における不動産テックの展望　45

第3章　動的ネットワーク拠点としての不動産経営

インフォメーション・エコノミーからの考察……49

九州大学大学院経済学研究院 教授　篠﨑 彰彦

1　はじめに　50
2　不動産テックの根底にある大奔流とは　51
3　シェアリングエコノミーの本質は何か　54
4　家計の市場参入と市場のグローバル化　55

5 不動産市場のフラグメンテーション化　56
6 ギグエコノミーが促す多彩な不動産利用　58
7 情報化で変貌する不動産市場の特質　60
8 情報武装した異業種の不動産市場参入　61
9 おわりに　63

第4章　第4次産業革命下での不動産仲介業 ································67
中央大学総合政策学部 教授　実積 寿也

1 はじめに　67
2 不動産仲介の機能　68
3 不動産仲介の情報化　70
4 仲介サービスの主役交代　72
5 不動産仲介業に求められる対応　75
6 おわりに　77

第5章　プラットフォーマーが不動産業にもたらす変革
Amazonを参考にWeWorkのビジネスモデルと影響を考える ···········81
株式会社ニッセイ基礎研究所 金融研究部 研究員　佐久間 誠

1 はじめに：プラットフォーマーの脅威　81
2 プラットフォーマーの特徴と影響　83
3 WeWorkのビジネスモデルと不動産業への影響　97
4 おわりに　112

第6章　不動産テックの法律問題 ···117
牛島総合法律事務所 弁護士　影島 広泰

1 不動産テックがクリアすべき法律とは　117
2 取引・評価におけるデータの利用についての
　法的規制と実務上のポイント　118
3 取引における各種サービスの提供についての
　法的規制と実務上のポイント　127

第7章　スマートコントラクトによる土地売買を考える ···········131
慶應義塾大学SFC研究所 上席所員　斉藤 賢爾

1 はじめに　131
2 ブロックチェーンを理解する　132
3 ブロックチェーンへの期待と課題　136
4 スマートコントラクトによる土地の売買　139

5 おわりに　142

第8章　不動産テックの展開と消費者の利用意向　145

一般財団法人土地総合研究所 研究員　白川 慧一

1 はじめに　145
2 不動産テックの展開　147
3 不動産テック企業・サービスの利用意向と効果に対する認識　156
4 おわりに　161

第9章　不動産取引を牽引する不動産テックの役割　167

リーウェイズ株式会社 代表取締役CEO　巻口 成憲

1 不動産テックとは　168
2 アメリカの不動産テック企業　169
3 日本の不動産業界の問題点　172
4 不動産テックの技術　175
5 ビッグデータと人工知能　177
6 人工知能の技術　179
7 不動産テックのこれからの分野と政策的課題　181

第10章　計算統計の不動産実務への応用　185

株式会社おたに 代表取締役　小谷 祐一朗

1 はじめに　186
2 GEEOの設計思想　187
3 シミュレーションとは　191
4 シミュレーションの応用　197
5 おわりに　203

第11章　国内不動産テックの現状から未来を考える　209

株式会社リブセンス 不動産ユニット ユニットリーダー　芳賀 一生

1 はじめに　209
2 国内不動産業界のIT化遅れ　210
3 米国で浸透する不動産テック　212
4 米国に10年遅れる国内不動産テック　214
5 デジタルトランスフォーメーション　217

第12章 **米国不動産業における**
MLSと不動産テックの最新動向 221

一般社団法人日米不動産協力機構（JARECO）研究員　**和田 ますみ**

1 はじめに──米国の不動産エージェントの業態と特徴 221
2 MLSの概要と提供サービス 222
3 不動産履歴情報と物件データの流れ 224
4 最新の不動産テックの動向 229
5 不動産テックの活用を実現しているバックグラウンド 232
6 おわりに──不動産テックの今後 234

【資料】 日本の不動産テック企業・サービス一覧 237

著者略歴 243

第1章

第4次産業革命(ブロックチェーン)の進展が社会にもたらす変革と課題

東京大学大学院経済学研究科・経済学部 教授
柳川 範之

1 はじめに

　ただ今ご紹介いただきました東京大学の柳川です。よろしくお願いいたします。本日は、『ブロックチェーンの進展が社会にもたらす変革と課題』というタイトルで、大きく3つのパートに分けてお話をしたいと思います。

　今世間を賑わせているビットコインなどは、これからお話しするブロックチェーンの話と関係するのですが、よく知らないという方もいらっしゃると思います。そこで、そもそもビットコインとブロックチェーンがどう違うか、ビットコインとはどんなものか、という極めて基本的なところからお話しします。

　2番目に、ブロックチェーンと呼ばれているものが、実際にどう応用できそうなのか、今までと変わったことができるのかという、ブロックチェーンの応用の話をいたします。

　最後の3番目に、ブロックチェーンなどを含めた広い意味での技術革新が、不動産、不動産市場にどんな変革をもたらすのかというお話です。こちらは、ブロックチェーンと少し離れた話をさせていただきます。皆さん、

いろいろとご関心がおありでしょうし、知識の濃淡もおありかと思います。「もうそんなことはよく知っている」というところもあるかもしれませんが、少しお付き合いいただければと思います。

2　ビットコインとはどういうものか

まずビットコイン、仮想通貨、ブロックチェーンについてお話しします。

ビットコインに関しては、もう名前はいろいろなところで目にされていると思います。問題があるのではないかとか、大変そうだとか、高騰しているとか、大きく下がっているといった話が出ています。

これに関して、まず確認していただきたいのは、投資対象としてのビットコインの安全性や健全性の話と、ビットコインというものが出てきた技術的な構造の優位性や、メリット、デメリットの話は、切り離して考えていただきたいということです。

今日は、どちらかと言うとビットコインが生み出された仕組みについてお話しします。それがどんな構造をしていて、どんなメリットがあるのか、どんな課題を抱えているのかという話が、後のブロックチェーンの話に関わってきます。その話と、「ビットコインは儲かりますか」とか「ビットコインに投資して大丈夫ですか」という話は全然違います。

最初に雑談的にお話をすると、今ちょっと急落しているので、少し落ち着くかなと思います。どんどん上がっていたときには、ビットコイン投資勧誘商法なるものがあちこちで開かれて、投資が盛んに行われていました。

なので、今のところは投機性の強い金融商品以外の何物でもないというのが、ビットコインの金融商品としての、あるいは財としての位置付けです。これを法的にどう位置付けるかという話はちょっと置いておきます。注目していただきたいのは、「仮想通貨」といわれているように、裏付けが何もない、単なる電子的な記録が価値を持つようになっているところに、技術的な面白さがあり、仮想通貨の特徴があるということです。

普通は何かの商品には裏付けがあります。金融商品でも、例えば社債で

あれば、持っているとその元利金を返してもらえます。100パーセントとは限らないですが、元利金が返ってくるし、株を持っていれば配当があるという話になります。

配当がゼロだと宣言されている株が、取引をされて価値を持っている状態は、経済学的にバブルと言われます。バブルの時代には、価値がほとんどないような土地が売買されることで値段が上がっていったわけです。それは結局、実質的な価値がほとんどない、あるいはすごく低いにもかかわらず、値段が上がっていくということです。

実は、ビットコインも同じ構造です。ビットコインは、基本的にはバブルで値段が付いていて、それが乱高下しているという構造です。

では、こういう全然裏付けのないものに値段が付いて、価値が付いて、取引されているものは、他に何がありますか。学生に質問する話なのですが、いかがでしょう。

実は似たような性質を持っているものが、世の中にあります。紙幣、日銀券です。日銀券は紙切れですが、実質的な裏付けは何もない。昔は兌換紙幣と言われていて、この紙幣を持っていくと金と交換できるという話だったので、金の裏付けがあったのですが、今は不換紙幣と言われていて、交換しないので、日銀に持っていっても、中央銀行に持っていっても、何もしてくれません。そういう意味では、全然裏付けがないものですが、流通して価値を持っているわけです。

なので、学術的には、実は日銀券もバブルです。かつての不動産みたいに暴落しないはずですが、しないという保証はありません。そういう意味では、実は仮想通貨のビットコインと日銀券は同じ構造を持っていて、実質的な裏付けの価値がないのだけれども、価値をもたらすものです。

何が価値をもたらすのかというと、基本的に、皆の思い込みです。経済学的に言うと、皆の期待、予想です。この紙幣を持っていくと、誰かがパソコンと交換してくれるはずだ、と思っているから、自分は紙幣を受け取るわけです。ところが、紙幣が紙切れになるに違いないと思えば、誰も受け取らなくなる。これがハイパーインフレーションが起きているような国での貨幣の話です。

仮想通貨の話も実は同じで、なぜ価値を持っているかという理由は、実は非常にあやふやです。皆が価値があると思うから価値があるのだ、という話になる。そんないいかげんな話、と思われるかもしれませんけど、それが現実です。中央銀行の紙幣も、皆が価値があると思うから価値があるわけです。価値の構造が皆の予想で変動するから、変動しているということになります。

　ただし、皆が価値を持つと思う理由はあるはずです。日銀券であれば日銀の信用力です。日銀が量的緩和、質的緩和でバンバンお金を刷っている話に反対をする人たちは、そうやっていると日銀の信用力がなくなるのではないか、という理由で反対しています。ただ、いつ失われるかは、よく分からないので、反対する人もいれば、そんなことは起きないと言う人もいて、意見が分かれます。

　では、ビットコインは、何で価値を位置付けているのか、信用力をどこから導いているのか。それは技術です。テクノロジーでそれを裏付けているというのがビットコインの特徴で、信頼できる技術というのがブロックチェーン技術です。

　ただ、正確に言うと、ブロックチェーン技術の中では、ビットコインが採用している技術はかなり特殊系ですが、いずれにしても、ブロックチェーン技術によって、単なる電子的なものが価値を創り出しています。

　例えば、紙切に「1万柳川円」と書いて皆に配っても、誰も受け取らないですよね。なぜかというと、大きくは二つの心配の可能性があるから。一つは偽装だとか、いろんな人が勝手に書くだろうということ。偽装でどんどん書けてしまうと、マネーサプライがどんどん変動するので、こんなことはできないようにしなければなりません。中央銀行の紙幣も、偽装防止を施しています。ビットコインは、偽装ができないように暗号技術でブロックしており、勝手に書き換えられないデータが出来上がっているので、大丈夫かなと皆が思うのです。

　もう一つの心配は、僕がどんどん紙に書いて発行して、1万円のものがどんどんもらえるのだとすると、僕がとても儲かるわけです。これはシニョレッジというもので、そうだとすると、いっぱい刷ってしまうのではな

いかという予想が立つわけです。中央銀行はミッションを受けているので、そんなことはやらないだろうと皆が思っています。でも、民間が発行したら、バンバン刷って儲けるのではないかと思い、誰も買わない、入手しようとしない、ということが起きます。

ビットコインは、どうやってその状況を防止しているかというと、技術的にいわゆる供給量が決められているところに大きな特徴があります。なので、ある程度、価値がコントロールされ、発行量が決まっています。そういう意味では、通常の金融政策ができないので、例えば日銀券がビットコインに置き換わることはまず考えられません。今のビットコインは、いわゆるマネーサプライの調整ができないような技術的な側面になっているからです。

実体経済の変動に合わせて、金融政策ではマネーサプライを上下させることで価値を安定させています。マネーサプライを止めた状態で、実体経済が変動したら、当然ながら価値が変動するので、ビットコインが変動している理由は、そういうところにあります。

なので、金融政策を一切やらない中央銀行にするのであれば、ビットコインは一つの選択肢になりますが、金融政策をある程度やる、裁量的な金融政策をやるということであれば、ビットコインはとても不向きということになります。

では、どういうふうにマネーサプライが増えていくのか。ここがビットコインのすごく面白いところなのですが、マイニングということをすると、その人がビットコインを手に入れます。そういう形でビットコインが市中に増えていく構造です。マイニングとは、要するにインターネット上に記録を残していくことです。この記録が改ざんされると偽装になるので、ブロックチェーンは分散型台帳と訳されるように、インターネット上のいろいろなサーバーやパソコンに、全部同じような記録が残るようにします。分散的に記録が残ることによって、どこかが1個駄目になっても必ず記録が残る形にします。

分散型の一番の難点は、誰かの都合の良いように書き換えられてしまうという問題です。これが本物ですということを保証しないといけないわけ

第1章　第4次産業革命（ブロックチェーン）の進展が社会にもたらす変革と課題

です。書き換えられない仕組みの構造の一つは暗号技術です。ただ、暗号だと誰も分からなくなるので、暗号技術がきちんと解読されて、正しさが証明できるようにする必要があります。

　正しさの証明をするのが、先ほどのマイニングであり、どれが記述として正しいかを保証しようとすると、労力をかけないといけない。それを個人がやるとすると、そんな労力がかかることは誰もやらないということになり、いわゆるフリーライダー問題が起きます。それを避けるために、必要な労力を払った人に何かご褒美をあげるという話と、そのご褒美がビットコインでもらえるというのがセットになっていて、ここに学術的な面白さがあります。プルーフ・オブ・ワークと言われているもので、一生懸命やるとビットコインがもらえ、それがビットコインのマネーサプライの増加という形で表れているのがビットコインの基本的な仕組みです。

　プルーフ・オブ・ワークをするためには、とにかく頑張ってコンピューターを回さないと答えが得られないという話になっています。回すには、電力料金がかかります。

　ビットコインは何も資源を浪費していないかというと、そうではなくて、技術を維持するために電力というエネルギーをものすごく使っています。これを日本の東京などでやると、電気料金が高いので割に合いません。なので、今、中国の奥地の内モンゴル自治区に行くと、巨大サーバーが並んでいて、これが一生懸命マイニングをやっています。大変なお金をかけて、ビットコインをもらえばペイするという形になっています。

　実は、世界中の金融、貨幣をビットコインで置き換えるようなことは、非現実的だろうと言われています。それはなぜかと言うと、電力を使いすぎるからです。

　カドカワの社長である川上量生さんは「今よりももう少し取引が増えるだけでも世界中の電力がパンクするので、とてもそんなことはあり得ない」と言っています。どの程度信ぴょう性があるのか分かりませんが、これだけ電力を使っている実情を見ると、世界中の貨幣をビットコインで置き換えるというのは、およそナンセンスな話だというのは分かります。

　なので、ビットコインの特徴は、中央銀行みたいな中央管理者がいませ

ん。中央管理者がいないのだけれども、今の技術によって、先ほどのような偽装ができない、マネーサプライがコントロールされることによって、皆がある程度信頼を持つことによって価値が維持されています。

先ほど「中央管理者がいません」と言いましたが、中央銀行みたいな発行主体、責任の発行主体がいないだけであって、誰もマネジメントしている人がいないかというと、裏方で技術的なサポートをしている人たちがいます。

ビットコインがこれから枝分かれしていくのではないかという話が出ているのは、管理者レベルがどういう意思決定をするかという判断の話であり、ここでは深入りしませんが、そこは難しさが残っています。

3　ブロックチェーンという仕掛け

さて、ブロックチェーンというのは、今申し上げたように、ビットコインの価値を維持するために、間違えない記録を作り出していくための仕掛けということになります。

ブロックチェーンというのは、誤解していただくといけないのですが、仮想通貨とは何の関係もありません。記録していく仕方の仕組み、台帳記録技術です。記録していくところに、間違いがなく改ざんができない技術を使うことで、その上に仮想通貨を創り出すということです。そのため、実は仮想通貨以外にも、記録が残せるというところは、とても大事なポイントです。

それからもう一つ、さっき申し上げたように、ビットコインは、ブロックチェーンの技術の使い方としては特殊な使い方をしています。一つは、明示的な中央管理者がいないということ。それから、データの信頼性を保証する、確認するのにプルーフ・オブ・ワークという仕組みを活用していることです。この仕組みはとても魅力的なのですが、実はブロックチェーンという大きな仕組みの中では、こういうふうに暗号を解かなくても良いのではないか、皆がこの台帳が正しいよねということを保証しなくても良い

第1章　第4次産業革命（ブロックチェーン）の進展が社会にもたらす変革と課題　　15

のではないか、と言われています。

極端なことを言えば、今の銀行システムみたいなものです。暗号を解くのではなくても、皆が相談をして「これが正しい記録だよね」とコンセンサスさえ得られれば良いじゃないか。そうするとマイニングのようなことは必要なくなります。

そういう意味では、管理者の在り方とか、どんなふうに記録の正しさを証明していくのかという仕組みの在り方で、ブロックチェーン技術は、多様なバリエーションがあります。ビットコインは、皆がアノニマスで、誰でも参加できるという意味ではネット民主主義的には親和性が高いのだけれども、これを維持するには、結構大変な労力がかかります。

先ほどのマイニングみたいなことは、結構時間がかかるので、瞬時にどんどん取引しているようなものは、あまり向かないという事情があります。なので、これからお話しするようなブロックチェーンを使った実証実験みたいなことは、ほとんどビットコイン型は採用していません。もうちょっと違った形のブロックチェーンを使っています。そういう意味では、ビットコインは端っこにあって、通常のセキュリティーをかけた専用の記録装置みたいなことがあるとすると、その真ん中あたりのバリエーションがいっぱいあって、それぞれメリット、デメリットがあるので、皆どれを使おうかなと考えて実証実験をやっていると考えていただくのが正しいと思います。

4　ブロックチェーンが生み出すビジネス

それでは、仮想通貨とは無関係なブロックチェーンという記録を残す仕組みができたときに、これがどんなふうにビジネスに役立つだろうかということを少しご説明したいと思います。

ブロックチェーンは、仮想通貨を実現させるための基礎技術であり、実は多方面での応用が可能だろうと言われています。ブロックチェーンの応用分野を考えたときに、ではブロックチェーンはどこが新しいのか、今までと何が違うのか、ということを考えます。通常、分散型台帳と訳されて

いますので、特徴は、情報が特定の主体に集中しないことです。特定のサーバーに集中しなくて、いろいろなネットワーク上のコンピューターやサーバーに分散して記録されていることで、データの安全性を確保できたり、低コストを実現できたりするメリットがあります。

よく言われる話は、例えば地震があってサーバーがダウンしても、分散して持っているので安全だということです。大事なポイントですが、応用分野としてはあまり重要ではありません。

私が考える応用分野での大きな特徴は、二つあります。一つは、改ざんされない記録が残せるということです。それからもう一つは、皆がそれを確認することができる、という点です。

基本的に、正しく回っている限りは改ざんができないので、正確な記録がずっと残り続ける。かつ、その記録を、見られる人、見せたい人が全部確認することができる仕組みになっています。

実は、皆が見る、確認できるというのは、相当難しい問題です。よく新聞の広報で出すとかいう話になるけれども、その新聞を皆が見ているかというと、見ていないかもしれません。皆が確認することができるというのは、ある種の信頼性を確保するために非常に重要なことです。

よく出す例として、今皆さん電子メールをお使いだと思うのですが、電子メールでCCを付けて、上司などに「自分はちゃんとこの情報をメールで流しました」とやりますよね。あれは、電子メールだからできるようになった仕組みです。手紙でやっていたときには、カーボンコピーを作って、もう一通送り直さない限りはできなかったので、この手紙をあの人にちゃんと送りましたということを証明しようとすると相当難しかった。

ところが、CCメールで皆に送れば、少なくとも例えばそのグループには全部その事実が伝わる。全ての人のメールボックスに情報が瞬時に分散して渡るわけです。そのことの与える価値というのは、実はものすごく大きい。ブロックチェーンは、そういう側面を持っていて、皆に知れ渡るので、何が本当で何が嘘かというのを証明することができるという事実があります。なので、改ざんされない記録がしっかりと皆に正しく伝わるということが、ブロックチェーンの一番大きなポイントです。

第1章　第4次産業革命（ブロックチェーン）の進展が社会にもたらす変革と課題

ビジネス上で考えると、この特徴をうまく生かせるビジネスはあるか、ということになる。技術的には分散処理と暗号技術が重要なのですが、どういう技術かということよりも、こういうことが低コストでできるようになったらどんな世界に変わるか、を考える必要があります。今までも、すごくコストをかければ手紙も、全部カーボンコピーを取って皆に郵送することで、できなくはなかった。今起きている技術革新は、そういうものを瞬時に、非常に低コストでできるようになっていることです。だから、どんどん世界を変えることができる。

　そうすると、過去に起こったことについて嘘をつくことが極めて難しくなるという特徴を持っています。言い換えると、過去に起こったことについて嘘をつく可能性があって、そこに関して何か問題があったりするようなビジネス、あるいは、そこの嘘を証明するためにすごくコストがかかるようなビジネスは、ブロックチェーンに載せるとビジネスチャンスがやってくるということです。

　過去に起こったことに嘘をつけないとは、情報の非対称性を軽減させる役割を持っているということになります。ご承知のとおり、情報の非対称性というのは、経済現象においてすごく重要な役割を持っており、実はこの情報の非対称性があるために経済にはいろいろな問題が起きていて、それを軽減するためにいろいろな工夫がなされています。情報の非対称性があるから、規制も必要だし、ビジネス戦略上の工夫があるし、制度もあるということです。

　そうだとすると、過去に起こった出来事に関しての情報の非対称性が減っていくとすると、実は組織だとか、戦略だとか、規制だとか、制度といったものもかなり大きく変わっていくことになります。ブロックチェーンがどんどん使われるようになったときの法制度の在り方と、それがないときの法制度の在り方は、かなり変わっていくはずです。では、どんなふうに制度を変えなければいけないか、規制を変えなければいけないのかというのは、個別に判断しなければいけない。

　ただ、これは裏側の問題が当然ありまして、全ての情報が皆に記録され、見られるということは、当然、プライバシーの問題などが起きるわけです。

なので、単にブロックチェーンなら良いという話でも、ブロックチェーンなら駄目だという話でもなく、どういうふうに情報を公開して、どこまで皆に見てもらうかのコントロールが必要です。

ただ注意していただきたいのは、別にブロックチェーン技術を使ったら、全ての情報が皆に見えるというわけではなく、選択の幅があります。もちろん皆に見えれば確実性は増しますが、皆に見せず、別のやり方で記録の正確性を確保する選択肢もあります。例えば今、東証さん、JPX（日本取引所グループ）のほうで、証券取引にブロックチェーンがどこまで使えるか、実証実験をやっています。どちらかというと、売買取引の記録ではなくて、実際にその取引が行われた後に、証券などを実際に動かす電子処理のところでブロックチェーンが使えないかという話を考えていますが、それであっても、証券取引の根幹に当たるものが全部皆に見えたら怖いですよね。なので、見せない情報と見せて良い情報に切り分け、見せない情報はブロックチェーン上に載せない、という形でやります。

5　不動産ビジネスに与える影響

そこで、どんなビジネスモデルが考えられるのかという話をすると、実は不動産の取引は結構重要なファクターだろうと思います。特に取引記録を正確に残していくことにメリットがあるビジネスモデルは、かなり使える余地があります。

なので、証券取引への応用とか、銀行関係の取引への応用などが、今、まだ実証実験の段階ながら進んでいます。

もう一つ、ダイヤモンドの取引というのがあって、これは既に実用化されています。イギリスのベンチャーの会社が、ダイヤモンドの取引記録をブロックチェーン上で残しておくという話です。ダイヤモンドは、まがい物が多かったりするので鑑定書を付けているのですが、この鑑定書もどこまで信頼できるか、よく分からなかったりする。

そこでダイヤモンドの取引、ダイヤモンドの来歴をブロックチェーン上

第1章　第4次産業革命（ブロックチェーン）の進展が社会にもたらす変革と課題　　19

に記録させていったら良いのではないだろうか。どこで採掘をされて、どういう人の手に渡って、どうなって自分のところに来ているのかが全部分かるとすると、実はダイヤモンドのクオリティーをブロックチェーンで把握できる、というビジネスモデルです。

これは、まさに先ほど申し上げた情報の非対称性を減らすのに役立っていて、正確に履歴が記録されることで、ダイヤモンドの品質に関する安心感が上がるのを狙っています。

例えば証券取引、外国為替取引みたいなものは、瞬時に取引できないと大きな損をするので、瞬時に取引の記録が証明されないといけないのですが、ダイヤモンドの取引はそんなに瞬時に行われないので、大丈夫。取引の履歴が商品の品質保証や安心感につながるような場合には、結構こういうものが役立つわけです。

その一つの例として考えられるのが、不動産の登記の仕組みです。不動産の登記情報みたいなものは、実は一番ブロックチェーンがフィットするのではないかというのが、専門家の意見です。記録をきちんと残しておきたい。かつ、公知の事実にしたい、そういうものを皆が見て取引ができるようにしたい、というようなことであれば、不動産の登記情報は、ブロックチェーンで載せるのに良い仕組みです。しかも、3秒後、5秒後に取引が起こったりしないので、ある程度プルーフに時間がかかっても大丈夫です。

不動産の登記は、ある意味で政府が提供する制度の話ですが、政府が要請する不動産の登記に情報管理が役立つのであれば、民間のビジネスにおいても、不動産情報の一部、あるいは、自分たちがビジネスでうまく使いたい不動産情報をブロックチェーン上に記録させておくということは、ビジネスモデル上も有利な話になるわけです。

不動産の記録は、やはり非常に大きなメリットがあるわけで、それをどんなふうに、どこに残しておくかについて、今まではあまり選択肢がなかったのですが、これからはブロックチェーンを使うことで、あるいはブロックチェーンを部分的にでも使うことで、いろいろな選択肢が出てきて、いろいろなビジネスモデルが出てくる。ここに、皆さんにブロックチェーンのお話をする大きなポイントがあると思うわけです。

6　ブロックチェーンの進展で起きること

　ブロックチェーン技術の進展で起きることは、一つは、今までコストをかけて記録していた取引履歴が、より安価で確実に記録できるようになることです。これをどう使うかについては、二つのパターンがあります。

　一つは、今まででも、不十分な形ながら記録が残されていたような、不動産の登記みたいなものについて、より完全な形で取引履歴が残せるようになるというパターンです。もう一つは、不十分な形すら履歴が記録されてこなかった、今まではコストがかかるという理由で履歴が記録されてこなかった取引も、記録が取れることになるというパターンです。そうすると、皆が安心感を持って利用できるようになる効果があります。それにより、今まで成立なかった、予想もしなかったようなビジネスモデルが成立するし、情報の非対称性の構造が変わることで、産業構造が変わっていくみたいなことが起きるということです。

　実は、履歴が残るという構造は、本当は民間よりも行政にとって大事な話であり、行政や政治の仕組みも大きく変わるかもしれません。行政の様々な活動や、行政の手続きにおいて記録を残す必要が発生するので、ブロックチェーンによって、それが極めて低コストで正確に行われるようになると大きなインパクトを持ちうると思っています。

　ただ、その際問題になるのは、プライバシーであり、ブロックチェーンによって情報が漏れてしまう、プライバシーが漏れてしまうのであれば、慎重に考えなければいけないだろうと思います。

　そういう観点からすると、エストニアの取り組みは非常に面白いです。エストニアは電子政府というのを標榜していて、基本的にこのブロックチェーンみたいな仕組みで、全部政府が記録を取るようなことになっています。電子上で全部記録が残せて、市民権も電子的に登録をすることで、私のような外国人でも取れる形になっています。

　その中で面白いのは、プライバシーの管理です。これには二つの要素が

あって、一つはエストニアでも、全ての情報をブロックチェーンには載せていません。基本的には各官庁の情報や各個人のプライバシーに関する情報は、基本的にブロックチェーンではない通常の台帳、電子的な台帳に残されていて、例えば我々の戸籍に関する情報が記録されるのと同じように、専用的な安全なシステムの中で記録されています。

ただ、その安全性を確保するために、ものすごい管理コストがかかるため、上澄みだけをブロックチェーン上に載せる形にして、管理コストを軽くしています。

それからもう一つ、個人情報を全部政府が持って、政府が乱用するという問題は、ブロックチェーンだと実は起きにくい。なぜかというと、政府が使ったということも全て記録に残る、あるいは誰か第三者が自分の履歴を見たという記述も記録として残るというふうにしておけば、仮にプライバシーの侵害を誰かがしたとしても、その侵害の記録が残って、当人に伝わるのであれば、そこでペナルティーを科せば良い、ブロックをすれば良いと考えると、完全に透明の世界にしておくことで、実はプライバシーやセキュリティーの問題を確保できるという考え方になっています。そうは言っても、一度漏れたら問題ですが、発想の転換が今こういう方向で進んでいる、というのが事実です。

実際、Googleがブロックチェーンを使って保険の情報を記録していくという取り組みを始めたのですが、個人の保険情報に対するプライバシーの確保の仕方は、もし誰かがこれをハッキングなり意図的に見ようとすると、その記録が残るという事実をもって、できるだけ第三者が見るのを防ぐという構造を採っているようです。

7　スマートコントラクトとは何か

この先は、さらに未来形の話になるのですが、スマートコントラクトの話をしたいと思います。スマートコントラクトは、不動産の役割とか、不動産市場とか、都市の役割を考えていくときには、結構、重要な話なので、

ちょっとだけお付き合いしていただきたいと思います。

　ブロックチェーンによって、大きなビジネスチャンスがいろいろやってくるのですが、世の中を大きく変えるのかというと、実はあまり変えません。お金をかけるのであればできたことを、低コストでできるようになったということにすぎず、今まで全くできなかったことができるようになる話ではないからです。

　なので、「ブロックチェーンが、世の中をすごく変えます」「ブロックチェーン革命」とか言っていますけど、残念ながらそんなにすごくない。ビットコインはすごかったですけど、ビットコインが通貨の主流になることは、冒頭で申し上げたようにないですし、ブロックチェーン技術自体は、世の中をひっくり返すような技術ではありません。

　本質的に変わる、革新がもたらされるのは何かというと、実はスマートコントラクトが実用化された場合だろうと思っています。これはブロックチェーンよりは、今までできなかったことがかなりできるようになり、後で話すIoTと親和性が高いので、大きく世の中を変える可能性があります。

　スマートコントラクトと言うと、すごく賢い契約というイメージがするのですが、賢い契約というニュアンスはあまりなくて、簡単に言えば、プログラムに基づいて自動的に実行される契約を意味します。より堅い書き方をすると、契約を保存して、その有効性を担保して履行するためのプログラム、ないしはコード、という定義になっています。

　ブロックチェーンで取引履歴だけを記録しているイメージから、そこに契約も記述しておき、かつ、その記述をブロックチェーン上で実行までする、ということにすると、ブロックチェーンの台帳だけで、いろいろな取引が全部完結する形になる。これがスマートコントラクトのイメージです。

　こう考えると、スマートコントラクトは別にブロックチェーンでなければできないわけではない。スマートコントラクトという概念自体は、昔からあります。この分野の専門家に言わせると、スマートコントラクトの一番プリミティブな形は、自動販売機です。自動販売機は売買契約を別に結びません。でも、お金を入れた段階で契約が成立したと見なして、お金が入れられたら自動的にジュースが落ちてくる、という概念です。

第1章　第4次産業革命（ブロックチェーン）の進展が社会にもたらす変革と課題　　23

そういう意味では、今、Amazonで、洗剤が足りなくなったら洗剤のボタンを押すと、自動的に洗剤が送られてくる、みたいなサービスができているのですが、あれもスマートコントラクトです。

　そういう意味では、スマートコントラクトは、今までもあったし、これからもあり続けるのですが、機械の中だけで全部完結する形になっています。

　例えば冷蔵庫の中にジュースが足りなくなったら、中にセンサーが入っていて、ジュースがなくなったことを把握して、自動的に発注をする。自動的に利用額が引き落とされて、自動的にジュースが届く、というようなことは、かなり高度化されたスマートコントラクトで、今でもかなり実用化に近くなっています。

　今は人間が目で見てボタンを押す状態です。これには課題が二つあって、一つは、人間がボタンを押したということで意思表示ができているけれど、ここを自動的にやってしまって良いのかという問題。もう一つは、そこまでセンサーの技術が発達していないので、自動的に発注するまでセンサーが確実ではないという問題。でも、IoTの技術がこれからどんどん入ってくると、多分自動発注はもうすぐそこです。

　このIoTを使った新たな取引の拡大が、実は不動産や都市の生活を大きく変えるはずで、このときにブロックチェーンを使わない手はない、という形になっています。

　ブロックチェーンから先にお話ししましたが、起こる現実のビジネスサイクルで見ると、IoTを使って入ってくるいろいろな情報に基づいて、自動執行するサービスが、これからどんどん増えてきます。

　冷蔵庫の中だけで全ての情報が完結するのだとすると、いちいち全てセンターサーバーに情報を送って、センターサーバーから読み込ませて確認を取るのは、コストがかかります。なので、分散された端末の部分で、全ての情報と仕組みが回っているのであれば、ここで記録させましょう、ここで判断させましょう、となり、ブロックチェーンと相性が良いという構造になっています。

　ブロックチェーン技術は黒子であって、起こっているのは、IoTを通じたスマートコントラクトで取引が便利に起こり、そこからできるサービスがい

ろいろ出てくる、という話です。

8 仲介事業者の役割が変わる

　今後、IoT、ブロックチェーン、スマートコントラクトという組み合わせが重要になってきます。なぜかというと、IoTが本格化してくると、ローカルな部分で情報がいっぱいたまってくる。このローカルな情報を使って、きめの細かいサービスをやろうとすると、ローカルな情報がどういう情報だったかという記録を残したほうが良いということで、改ざんされないデータで記録が残ることが重要となります。

　スマートコントラクトについては、正しく実行されたかどうか、つまり、約束どおりの契約実行だったかどうかを保証する必要があります。実際に冷蔵庫に物がなくなっていたということ、あるいは物がなくなっていたから発注したんです、という記録が残っている必要があります。その意味では、正しい、改ざんできない記録、データがブロックチェーン上に残っているということは、IoT時代においては、とても重要です。

　スマートコントラクトが発達してくると、仲介事業者そのものが要らなくなるのではないか、という話があります。もっと言うと、企業組織や政府も必要なくなるのではないかという話もあります。結局、企業組織というのは、いろいろな契約を実行していくときの塊です。契約が全て自動実行できているのであれば、組織がなくても、企業組織が回るのではないか。もしくは、政府も回るのではないかという議論がされています。

　これを真剣に考えている人はいっぱいいるのですが、実はそんなに単純な話ではないので、そこまではとてもいかないと思います。

　起こるかもしれないといわれているのは、仲介業者やECサイト、eコマース、電子商取引が、どこまで変わっていくだろうかという話です。仲介事業者の仕事がだいぶなくなるのではないかということに関しては、少し進むだろうと言われています。

　典型的な話でいくと、例えばUberだとか、Airbnbなどが世の中で伸び

第1章　第4次産業革命（ブロックチェーン）の進展が社会にもたらす変革と課題　　25

ていますが、野口悠紀雄さんなどが言っているように、ああいうビジネスモデルは、IoTが入ってきて、ブロックチェーンが入ってくると、基本的に要らなくなります。結局、マッチングさせて、取引を実行させているだけの話なので、事業会社が絡んでいる必要はなく、テクノロジーで全部自動的にやってしまえば良い、ブロックチェーン上でやってしまえば良いのではないかという発想があります。自動的にマッチングをして、自動的に支払いも済むということが起きると、仲介業者が中抜きになる。

ただこの話はやや乱暴で、トラブルが起こったときどうするか、どういうふうに良い人を見つけてくれるかといった話はシステムだけでは解決しないので、お客さま相談窓口みたいな人が、いろいろな問題、トラブルが起こったときに、責任を持ってトラブル処理してくれるのかというのが非常に重要です。なので、私は全部自動実行でやる、仲介事業者がいなくなるということにはならないと思っています。

ただ、仲介事業者の役割が変わるのは事実で、単なるマッチング、単なる単純仲介であれば、機械がやってくれれば十分でしょう。機械的なシステムではできない部分、先ほどのお客さま対応や、苦情処理、あるいは法的な問題の処理には仲介事業者が対処していく必要があるだろうと思います。

これは恐らく不動産取引の仲介においてもそうで、やはり不動産取引の仲介において、機械化できること、自動化できることというのは、相当出てくるだろうと思います。人工知能が処理することも相当出てきます。

けれども、やはり人間がやるべきこと、人間が対処したほうがスムーズにいくこともいっぱいあります。つまり、そういうところに人を早めに移していって、人間ならではの教育をしていくのは、各事業者が、より高度化していくための重要な役割だと思います。人を動かすのはそんなに簡単にはできないので、早めの対処が必要であり、早めに機械化やAI化やブロックチェーン化を睨んで、人にどういう仕事を割り振ったら良いか、どういう仕事の能力を早めに高めていくかを考えることが大事になると思っています。

9　都市の未来像を推測する

　ここからは、私が考える不動産や都市の話をして、これがどんなふうに
ブロックチェーンの話につながっていくのかというイメージをお伝えでき
ればと思います。

　ミクロの技術の話をずっとしてきましたけれど、一気に視線を変えてい
ただいて、これからの都市の未来像とか、世界がどんなふうに変わってい
くかということを、ちょっと俯瞰して見ていただきたい。

　今ものすごく大きな、世界的な変革の時期なのだと思います。一つは、
もうご承知のとおり、世界的なパワーバランスが大きく変化していて、こ
のパワーバランスに従って、いろいろな生産要素、あるいは活動拠点が動
いていく時代になっています。

　ヒト・モノ・あるいはカネが簡単に都市から逃げていく、あるいは都市
間を移動していく時代になっています。どこかに政情不安があれば、一挙
に皆いなくなりますし、どこかが盛り上がれば、一挙にそこにヒト・モノ・
カネが集まってくる時代になっていて、そういう意味での国境がかなりな
くなっています。

　そうすると起こってくることは、世界全体の都市間競争が、かなり急速
な勢いで拡大するということです。もう国内の都市間競争ではなくて、グ
ローバルレベルでの都市間競争が、急速な勢いで拡大しています。

　もう少し正確に言うと、人はどこまで動くのかという話があります。今
これだけテロが起こるようになると、わざわざ危ない所に住まなくても良
いのではないか、あるいは危ない所に移動しなくても良いのではないかと
いうことになっています。最近は言われなくなりましたが、機内にノート
パソコンを持ち込めないようにするという話があり、そうなると出張に行
けないと考える人も多いと思います。大事なノートパソコンを預け荷物に
入れて壊れるのも怖いけれど、もっと怖いのはなくなること。そうすると、
やはり相当国際移動は減る、という形になってくる。どこまでアメリカ政

第1章　第4次産業革命（ブロックチェーン）の進展が社会にもたらす変革と課題　　27

府が本格的にやるかはよく分からないですが、でもやはり心配な問題です。

　そうすると、本当に人がどこまで動くようになるかは、やや怪しい時代になってきています。人が動かなくても、「ネット会議とか、そういうもので十分じゃないか」と言われると、かなり十分なことになりつつあるので、モノとカネはグローバルに動くけど、ヒトは動かないかもしれない。

　これは、ある意味、不動産業界にとっては一つの大きなチャンスです。世界中の都市間競争が拡大しながら、ヒトは動かないとすると、東京にいながらニューヨークでの会議に出席できるようにしたいということ。そうすると、問題なくテレビ会議に参加できるようなシステムが必要ということになります。今起こっていることは、どちらかというと航空需要よりも、そういうネット会議とか、電子会議みたいなもののテクノロジーの発達であり、それに伴うビルや不動産の役割の変化みたいなことです。

　それからもう一つが、IoTの進展です。私は実は、ブロックチェーンよりもIoTのほうがインパクトが大きく、もしかするとAIよりもIoTのほうがインパクトが大きいのではないかと思っています。

　それは何かというと、情報の出方が変わるからです。AIで起きることは、基本的に今まで起きていた情報を正しく操作することにあるので、出てくる情報やプロセスはそんなに変わらない。IoTの場合は、実は今まで得られなかった情報が得られるようになり、今まで見えなかったことが見えるようになる。そうすると、いっぱいビジネスチャンスがある。なので、IoTの進展というのは、いろいろいな産業において重要ですし、不動産業においても重要だろうと思っています。

　ちょっと話を戻して、国際的な都市間競争が拡大していくとすると、やはり都市のクオリティーがその国の経済成長を左右することになります。良いクオリティーを持った都市でないと、ヒト・モノ・カネが集まってこない。ヒト・モノ・カネが動いてしまうと、そこから瞬時に皆が逃げていってしまう。そうするとそこで生産活動が縮小するので、経済成長が大きく低下する、ということになってくる。

　なので、特に日本では、やはり人を引き付ける魅力的な都市をいかにつくれるかというのが、これから10年、20年、30年を考えたときには重要で

す。安全性からすると、今世界中でテロの起きるリスクが一番少ないのが東京、あるいは大阪です。ここに人を引き付ける魅力はいっぱいあるので、それをどういうふうに高めていくかを考えなければいけない。成長するから人が集まるのではなくて、いい人が集まるから、そこでイノベーションが起きるというのが、今起こっている重要なポイントです。だから、住みやすい住環境の提供が、実は国のイノベーションを高めて、成長させるというロジックが、十分成り立つということです。

　イノベーションのカギは人の集まりだというのが、例えばシリコンバレーなどを見ているとよく分かります。直接的なつながりのない人が、近くにいる。そこから来るインタラクションが、実はその都市のイノベーションの源泉になっているというのが、実証的に今分かってきているところです。何か工場があるとか、生産拠点があるということが各国の成長を高めるのではなくて、皆がそこに集まっている、集まってディスカッションができる、あるいは様々な人的な交流ができるということが、実はイノベーションをもたらすということからすると、どうやって多様な人にその場所に集まってもらうかが、イノベーションのカギになっているということです。

10　IoTをいかに使うかがカギとなる

　その中で、やはり安全性も大事ですが、IoTをいかに都市に使っていくかが大事で、ここに先ほどのブロックチェーンとの関係性が出てくるということです。

　IoTは、「Internet of Things、モノのインターネット」というもので、基本的にはモノ同士が情報を伝え合う、そこからいろいろ新しい取り組みができるということになっています。製造業は、このIoTの発達によって全く違う業種になるだろうと言われています。製造業はもう明らかにサービス提供業にかじを切っているわけです。

　例えばモノを売っても、売って終わりではない、モノを売った後が製造業のビジネス、アフターサービスそのものが、実は製造業の大きなビジネ

第1章　第4次産業革命（ブロックチェーン）の進展が社会にもたらす変革と課題　　29

スモデルになっている。すごく簡単に言えば、アフターサービスのところでお金を取って、基本、冷蔵庫とか、洗濯機とかは、全部、ただで出す、ということすら考えられる。

　そうすると何が起こるかというと、いかにきめの細かいサービスを耐久消費財が提供してくれるかというようなことです。例えばIoTが一個一個の冷蔵庫内の温度を管理できるというようなことです。

　今、実用化されているものだと、ロールスロイスのエンジンは、中にセンサーが既に入っていて、使われ具合に応じてエンジンを切り替えていく、あるいはメンテナンスの情報を伝えるというようなことがあります。

　だから、プリミティブなサービスは、まず把握して、「メンテナンス時期がいつですから、もうそろそろ消耗してきましたからメンテナンスしてくださいね」という情報を伝えるということですが、ある程度ネット上だけで処理できるのであれば、それを自動的に調整する、あるいは自動的に改善していくというようなことができるようになります。

　昔は、テレビゲームは売っておしまいでした。任天堂のパッケージを買ってきて、入れて遊ぶしかないので、良いゲームを作って売ることは大事だったのですが、売っておしまい。それをどう評価してくれるかは、その人次第。ところが今はゲームが変わってきて、ネット上でゲームをして遊ぶということになっている。そうすると、売っておしまいではなく、買った人がゲームの遊び具合に応じてゲームを調整していくこともできるし、利用者の評価が悪ければ、その利用者が面白く思ってもらえるような形でゲームを変えていくことすらできる。

　そうなってくると、ゲームの作り方が全く変わってきます。売っておしまいのときには、とりあえず売るまでが勝負でしたが、今のようなネットのゲームは、提供してからゲームをどんどん良くしていけばいい。むしろそのほうがニーズを汲み取ってゲームを良いものにしていける。全くゲームの作り方が違ってきて、ゲームのあるべき姿も変わってきているというのが、一番分かりやすい例だと思います。

　そういうことが、実は製造業でも起こるし、不動産業でも起きる。なので、不動産業は、今までもそうだったはずですが、実はサービス提供業に

なっていくのだと思います。不動産は、そのビルなり、マンションなり、都市空間なりから、いかに利便性を得られるか、みんなが満足を得られるか、良い住環境なり、生活空間が得られるかということです。

　そうすると、個々の人によって、実は感じ方も違うし、状況が変われば少しずつ変わっていくかもしれない。これまでは、その中で働いている人がどんなふうに思っているか、どういうところに利便性を感じて、どこに不便を感じるかは、なかなか分からなかったのですが、IoTによって分かってきます。

　そうすると、それを生かしたサービスの提供が追加でできるようになる。それによって、都市だとか不動産の品質が向上する。今までだって、メンテナンスやリニューアルは、ある程度やってこられたと思いますが、そのタイムスパンがかなり変わっていって、10年後に修繕しますとかではなくて、もしかすると1年後に少し組み替えますとか、もしかすると1カ月ごとに何か改善をしていきますとか、こういうところにすごくビジネスモデルのチャンスが出てきます。

　リアルに入ってくるIoTから情報を利用して、ベターなサービスを提供していくところに、大きなメリットが出てくるだろうと思います。

　そう考えてくると、不動産業は、継続的にサービスを提供していく場づくりだと考えることができるのではないか。そういう要素が、ある程度、拡大していくのではないか。そうすると、いかに継続サービスにメリットがあるようなビジネスができるかが重要で、環境変化に合わせてサービス内容を変えていけるような体制をつくっていけるかが重要です。

　そのときに、先ほど申し上げたようなIoT、ブロックチェーン、スマートコントラクトの活用が、中長期的には大きな課題になってくるはずで、継続的にサービスを提供していくには、できるだけリアルに実態を把握することが重要です。そのときにIoTやブロックチェーンが有効活用できるはずです。

　今でも例えば、実際の利用状況に応じて室内の温度などが分かるので、それに応じて温度を調整するといったこともされていると思います。また、エレベーターの利用状況も分かるので、エレベーターの動きから調整する

第1章　第4次産業革命（ブロックチェーン）の進展が社会にもたらす変革と課題　　31

みたいなことはしていらっしゃると思いますが、そういうことが、かなり幅広くでできるようになる。分かってくる情報が多様になると、そこを組み合わせてサービスを提供していくということです。

都市、あるいは都市空間みたいなのもそうで、皆がどこにいるかが分かれば、そこに緑を新たに配置することもできるようになるわけです。そのときにやはりブロックチェーンみたいなことが、中長期的には重要になるということです。

11 可変的な構造が求められる時代

今申し上げた話は、基本的に売った後のサービスの話です。この話を進めていくと、そもそも作る段階で、売る段階で、多様なアフターサービスを想定する、調整しやすいビルを売っていくといった発想が必要なわけです。

先ほどの話は、そもそもビルがあって、いろいろな情報が入ってくるから、情報に合わせて人を配置して少し柔軟に対処しましょうということです。ただ、いきなりビルを粘土のようにグニャグニャ変えるわけにはいかないので、柔軟に対処できる割合は限られています。あくまで、リフォームできる所はできるだけ早めにリフォームするとか、いろいろ工夫はしましょうという話です。

それを突き詰めて考えると、もうちょっと手前に戻って、そもそもビルを造る段階、都市、空間を設計する段階、家を売る段階で、事後的な調整が、ある程度自由にできるような可変的な構造を持った都市空間を設計しましょう、可変的な構造を持つビルを造りましょうというようなことが、中長期的には重要になってきます。

非常に極端な例ですが、ロンドンオリンピックのときに、イギリス政府がメインスタジアムを上のほうだけ取り壊せる、簡易なものにしたのです。オリンピックのときにはすごく人が来るから、10万人収容のスタジアムが必要。だけど日頃は、サッカーの決勝戦をやっても10万人も来ないから、

32

上のほうは簡易的な椅子にして、オリンピックが終わったら取り外せるようにしておいた。そうすることによって、無駄な設備投資が防げたわけです。

　この発想は、とても重要だと思います。ある程度可変的に変えられるものを造っておくことが、これからのビルの設計や都市の設計では重要になってくる気がします。

　このことは、先ほどお話しした都市間競争の進展でも重要です。都市間競争が激化するから、できるだけ魅力のある都市をつくりましょうというのもそうですが、今起こっているのは、ワーッと盛り上がったかと思ったら、瞬時に人がいなくなっているような状況です。お祭りがあちこちで行われているみたいな話で、別の街でお祭りがあると、いっぱい来ていたお客さんがいつの間にかいなくなって、拡張したレストランにはお客さんが来なくなって大打撃ということになります。

　今の都市間競争の怖いところは、そんなふうに盛り上がりに応じて、人やものが瞬時に動くということです。

　そうすると、明らかに都市の人口は、乱高下すると想定せざるを得ない時代になってくる。都市の設計は、相当長期にわたって考えるわけですから、こんな乱高下されると、すごく困るわけです。去年は10万人来たけれど、今年は1万人だ。来年はもしかすると20万人来るのかもしれない。こういったときに都市とか、ビルをどういうふうにしますか。今問われているのはそういうことなのだと思います。

　つまり、人の移動に比べて設備投資の期間がかかり過ぎるので、一つは、投資にかかる期間をなるべく短縮する。その技術開発をすることと、可変的にしておくということです。人がいるときには人が住むスペースになり、いなくなれば公園にするとか、あるいは、ここは住んでいる所から働く場所に、というようなことに変えていく。そういう可変的な構造を造っていく発想にしていかないといけないのだろうと思います。

　これは、住宅を造ってらっしゃる方にはなじみのある発想だと思います。子どもが生まれて、最初は人数は増えるけれど、また2人だけに戻っていく。こんなときにどんな住居が必要ですか、みたいなことは、恐らく考え

ていらっしゃるのだと思います。

　そのように、可変的な構造を持った都市やビルの構築が急務で、流通市場の整備や空き家対策などは、結局こういうものの一環なのだと考えられます。流通市場の整備をすることで、ある種、可変的な構造を持ち得るということがあります。

　ただ、そうは言ってもマクロ的に大きな変動が起こったとすると、流通市場の整備だけでは対応できません。可変的な構造をどこまで技術革新でやっていくかが、これから必要ではないかと思います。

　以上、ビットコインの話から、都市開発の話まで来てしまいました。かなりいろいろな話を申し上げて恐縮ですが、ご報告は以上にさせていただきます。どうもご清聴ありがとうございました。

第2章

不動産テックの現状と展望

ビットリアルティ株式会社 取締役／株式会社野村総合研究所 上級研究員
谷山 智彦

1 不動産業における産業革命の兆し

　最近、毎日のように人工知能（AI）やビッグデータ、IoT（モノのインターネット）やブロックチェーンという言葉がメディアを賑わせている。特に人工知能の進化は目覚ましく、ディープラーニング（深層学習）と呼ばれる技術的ブレークスルーに伴い、チェス、将棋に続き、ついに囲碁の世界でもプロ棋士が人工知能に負けてしまったというニュースは大きな注目を集めた。

　このように日進月歩で進化するテクノロジーを用いて、利便性・汎用性が高く、コスト競争力があり、新しい付加価値を創出するサービスが様々な業界で登場している。実際に、金融業界では、これらの新しいテクノロジーを活用した「フィンテック（FinTech）」が話題になっているが、金融以外でも、広告分野のアドテック（AdTech）、農業分野のアグリテック（AgriTech）、医療分野のメドテック（MedTech）、そして教育分野のエドテック（EdTech）など、この「X-Tech」とも呼ばれる広がりは様々な分野に急速に広がりつつある。

　その背景には、日本政府が掲げる「第4次産業革命（Industry 4.0）」や「超

35

スマート社会（Society 5.0)」と呼ばれる成長戦略[1] がある。これは、人口減少に伴う供給制約や人手不足を克服するために、近年の技術的ブレークスルーを活用することにより、社会的課題を解決し、消費者の潜在的ニーズを喚起する新たなビジネスを創出するものである。

　従来の第3次産業革命までは、電力や機械を用いた大量生産により、画一的な商品・サービスを低コストで提供することが求められてきた。しかし、第4次産業革命に見られる技術革新によって、従来の大量生産・画一的なサービスを提供する時代から、個々のニーズに合わせたカスタマイズ生産・サービスの提供だけではなく、社会に眠っている資産と個々のニーズを低コストで瞬時にマッチング・シェアリングすることが可能になり、人間の役割や機能のサポートや代替にまで進展する時代に移り変わりつつある。

　そして、保守的で伝統的だと言われていた不動産業界でも「不動産テック（Real Estate Tech)[2]」と呼ばれる新しいサービスが次々と登場している。不動産業のデジタル化の遅れは、決して日本だけの現象ではなく、世界的にテクノロジーの活用が遅れていた分野である。しかし、だからこそテクノロジーを活用することによる生産性向上や業務効率化の伸び代が大きいのも事実である。特に日本の不動産業界においては、有史以来初めてとなる長期的な人口減少という大きな転換期の中で、持続的に経済成長していくためには、生産性や効率性を向上させる何らかの「産業革命」が必要ではないだろうか。

2　極めて生産性の低い日本の不動産業

　まず、不動産テックが登場してきた背景の1つとして、ここで現在の不

---

1)　日本経済再生本部「未来投資戦略2017 Society 5.0の実現に向けた改革」2017年6月9日。
　　http://www. kantei.go.jp/jp/singi/keizaisaisei/pdf/miraitousi2017_t.pdf
2)　日本語では「不動産テック」と呼ばれることが多いが、英語でもReal Estate Tech、ReTech、Property Tech、PropTech等と呼ばれ、明確な呼称は未だ定まっていない。

図表1 産業別のデジタル成熟度

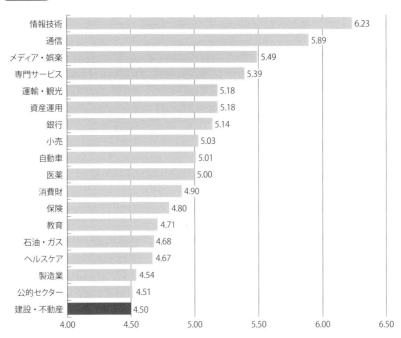

(出所) Kane, et al.（2015）より作成

動産業の状況について整理しておこう。日本の不動産業は保守的で伝統的だと揶揄されることもあるが、他の産業から見て本当にデジタル化とは縁遠い産業だったのだろうか。そして世界の不動産業の中から、日本の不動産業だけが取り残されているのだろうか。

Kane, et al.（2015）は、The Digital Business Global Executive Studyの中で、産業別のデジタル成熟度を指標化している[3]。図表1は、それを示したものだが、全ての産業の中で建設・不動産業が最もデジタル成熟度が低いという結果になっており、デジタル化の遅れは決して日本だけの状況ではなく、世界的な状況であることが分かる。

---

3) Kane, Palmer, Phillips, Kiron, & Buckley (2015), "Strategy, not technology, drives digital transformation," MIT Sloan Management Review, July 14, 2015. http://sloanreview.mit.edu/projects/ strategy-drives-digital-transformation/

図表2　産業別のIT資本投入（米国＝1）

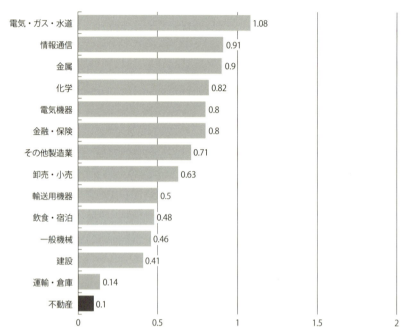

（注）2000年から2006年の平均
（出所）厚生労働省「労働経済の分析」より作成

　それでは、世界的にデジタル化が遅れている不動産業の中でも、日本の不動産業はどのような状況なのだろうか。ここで厚生労働省（2015）「平成27年版 労働経済の分析—労働生産性と雇用・労働問題への対応—」に示された産業別のIT資本投入を米国と比較したものを図表2に示した[4]。

　この図表2は、産業別のIT資本投資を、米国を1として比較したものである。ここでは日本の不動産業は、米国の不動産業と比較して、わずか10％のIT資本投入しかしていない。つまり、ほとんどIT投資を行っていないということになる。同調査では、日本の不動産業の非IT資本投入も、

4）厚生労働省（2015）「平成27年版 労働経済の分析—労働生産性と雇用・労働問題への対応—」2015年9月。http://www.mhlw.go.jp/wp/hakusyo/roudou/15/15-1.html

図表3 産業別の労働生産性（米国＝1）

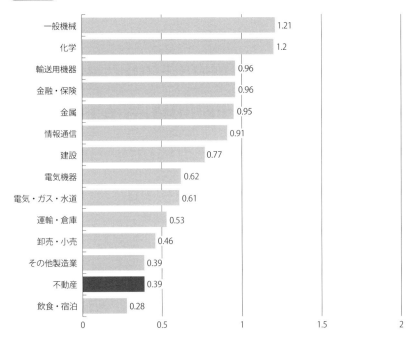

（注）2000年から2006年の平均
（出所）厚生労働省「労働経済の分析」より作成

対米比較で0.55となっており、そもそも日本の不動産業は、米国の不動産業と比べて物質的な資本投資もITへの資本投資も行われていなかったことになる。

それでは、世界的にデジタル化が遅れている不動産業の中でも、突出してIT資本投資の少ない日本の不動産業の労働生産性はどの程度なのだろうか。図表3は、同じく厚生労働省（2015）で示された産業別の労働生産性を示したものである。この結果から、日本の不動産業の労働生産性は米国の約40％しかないことが分かる。また、同調査には付加価値1単位当たりの労働投入の比較もあるが、そちらでは日本の不動産業は同じ付加価値1単位を生み出すために米国の2.58倍の労働投入をしているとされている。

したがって、世界的にデジタル化が遅れている不動産業の中でも、日本

の不動産業は特にIT資本投資が低く、労働生産性も非常に低いということになる。それ以外の要因も考えられるものの、日本の不動産業の労働生産性が低い1つの要因として想定されるのは、テクノロジー活用の遅れではないだろうか。

3　テクノロジーが変革する不動産ビジネス

　それでは、テクノロジーの活用によって、不動産ビジネスはどのように変革する可能性があるのだろうか。世界的に勃興している不動産テックの動きを見ると、(1) プラットフォームを通じて、不動産に関連するヒト・モノ・カネ・データ等を迅速に低コストでマッチング・シェアリングするサービス、(2) 人工知能やビッグデータ解析に基づいて、物件や地域の評価情報をリアルタイムに提供するサービス、そして (3) モバイル端末やツールを活用して、不動産業務の効率性・生産性を向上させるサービスなどが登場しつつある。

　これらは言い換えると、以下の図表4のように、不動産の取引（Transaction）、評価（Valuation）、そして業務（Operation）に分類することが可能であり、それらの領域に対して数々のイノベーションを起こす不動産テック企業が国内外で次々と誕生している。

　以下では、それらのサービス類型ごとに、どのような可能性があるのかを示してみよう。

(1) Transaction：マッチング系サービス

　まずはプラットフォームやクラウドを通じて、不動産に関連するヒト・モノ・カネ・情報等を迅速に低コストでマッチングするサービスがある。不動産に関連する「マッチング」と聞くと、不動産仲介に関するサービスだけだと思う場合が多いが、決してそれだけではない。

　具体的には、不動産売買・賃貸等の検索・仲介・契約をオンライン上で実現するプラットフォーム以外に、不動産のシェアリング・エコノミーとし

図表4 不動産テックにおける3つの領域

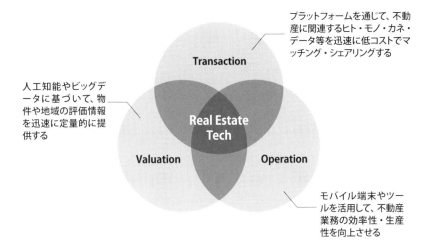

て、AirbnbやWeWorkに代表されるようなスペースの流通・有効活用を促進するサービス、不動産市場に複線的金融システムを構築する投資型クラウド・ファンディング、不動産プレイヤーのクラウド・ソーシング、不動産プレイヤー間の情報のシェアリングサービス等が存在する。

　これらのサービスは、土地・不動産に係るヒト・モノ・カネ・情報を、従来よりも飛躍的に素早く、効率的にマッチング・シェアリングさせることが可能であり、不動産取引等の生産性向上だけではなく、不動産取引市場そのものの拡大や、プラットフォームを通じた資産・資金の有効活用を促進させることができる。

(2) Valuation：ビッグデータ分析系サービス

　次に、従来は情報の不透明性・非対称性が大きかった領域や、たとえプロであっても「勘と経験と度胸」に基づいて意思決定していた領域において、人工知能等によるビッグデータ解析に基づいて客観的な評価情報を分析・提供するサービスがある。

　具体的には、不動産価格を自動的に査定する分析エンジンだけではなく、

それを高頻度にナウキャスト（足元予測、現在予測）したり、多様なビッグデータに基づいて土地・不動産の所有者属性を推定し、不動産マーケティングの高度化を支援したりするサービス、オープンデータを幅広く収集・集約化して地域の評価情報等を分かりやすく提供するサービス等がある。

　不動産分野における「ビッグデータ」と聞くと、日本では入手可能なデータが少ないため難しいのではないか？　という先入観に囚われてしまうことが多いが、今や決してそうではない。

　実際、日本における土地・不動産に係る情報整備は、国土交通省による不動産取引価格情報の整備や不動産価格指数の公表等に伴い、近年は飛躍的に向上している。さらに民間保有データの公開やテクノロジーの進歩により、土地・不動産に係るデータ収集及び加工も容易になりつつあり、不動産に係るオープンデータやビッグデータを活用したビジネスを展開するスタートアップ企業が日本でも登場しつつある。

　さらに、ビッグデータの定義は、Volume（量）だけではなく、Velocity（速度、頻度）、Veracity（正確性）、Variety（多様性）、Value（価値）、Visibility（可読性）等、いくつかのVによって示される。そのため、データの「量」だけが重要ではない。今後も、土地・不動産に係る情報量（Volume）の拡大は求められるものの、他の多様な情報と連携して容易に分析できる仕組みや、高頻度もしくは速報性のある情報提供の仕組み等、様々な側面から不動産に係るビッグデータを整備することが重要となる。

　特に、これらのサービスは、情報の透明性を飛躍的に向上させるだけではなく、不動産に関わる意思決定を高度化させ、流通市場の活性化や資産の有効活用を促進させることができるものである。

(3) Operation：業務効率化系サービス

　さらに、モバイル端末やツールを活用して、不動産業務フローの効率性・生産性を向上させるサービスがある。これは不動産ビジネスに係るバリューチェーン上の各機能のうち、従来は非効率で労働集約的だった一部の機能を、ITや人工知能の活用、データの共有化、IoT等によって効率化させ、労働生産性を向上させるサービスである。

4　不動産テックがもたらす業界・市場への影響

それでは、これら不動産テックの進展により、どのようなインパクトがあるのだろうか。ここでは (1) 不動産業の産業構造にもたらすインパクトと、(2) 不動産流通市場にもたらすインパクトについて考えてみたい。

(1) 不動産業における今後のインパクト

不動産テックなどのテクノロジーを活用した新サービスの登場により、既存の不動産業に与えるインパクトとして主に以下が想定される[5]。

まず、従来プレイヤーが提供している既存のサービスを大きく上回る新サービスが今後も次々と登場することは避けられないという前提に立つべきである。それはテクノロジーの進化とデータの蓄積に伴い、止められない傾向となる。

ただし、従来プレイヤーの全ての役割を代替するようなベンチャー企業が急に登場する訳ではなく、一部の機能に特化したサービスが登場することに留意すべきである。それに伴い、不動産ビジネスのさらなるアンバンドリング化（機能の分解）が進展するだろう。不動産の証券化が導入された2000年以降、不動産業界では物件の開発・保有・運用などの業務が分業化・分社化され、アンバンドリング化が進展した経緯があるが、再び不動産に係る機能・サービスのさらなる分解がテクノロジー主導で進むだろう。

さらにアンバンドリング化された後の個々の不動産サービスは、再び最適な組み合わせにリバンドリング（再統合）されることになる。つまり、従来のフルパッケージ型サービスの提供から、特化型サービスの最適な組み合わせを提供する形へと、不動産ビジネスの構造が変化する可能性がある。このような産業構造の転換により、不動産業界の生産性・効率性が向

---

5)　テクノロジーの進展によって既存の産業に与えるインパクトは、決して不動産業に特有のものではなく、金融業におけるフィンテックや製造業などでも同様のインパクトが想定されている。

上し、規模の経済が働き、異業種・異業界からの新規参入も活性化される
ため、産業規模の拡大に寄与することになる。

　従来のプレイヤーにとっては、顧客に対するサービス全てを自らが担う
のではなく、外部の新サービスをいかにして最適に組み合わせるのかが重
要になってくるだろう。

（2）不動産市場における今後のインパクト

　不動産テックが不動産市場にもたらすインパクトを考える上では、オン
ライン仲介などの直接的なインパクトもあるものの、その基盤として、人
工知能とビッグデータを用いた不動産価格の査定サービスを無視すること
はできない。

　現在、日本においても、不動産テック系サービスのはしりとして、人工
知能やビッグデータを活用した不動産の価格査定サービスが続々と立ち上
がっている。2015年以降だけでも約10を超えるサービスが登場し、その対
象もマンションや戸建住宅、そしてオフィスへと広がりつつある。異業種
からの新規参入やベンチャー企業だけではなく、従来のプレイヤーもサー
ビスを開始しており、不動産の価格査定サービスは人工知能とビッグデー
タ活用の1つの応用領域となってきた感もある。

　ユーザーにとっては、これらの価格査定サービスを利用することで、従
来は不動産仲介業者などに依頼しないと知ることができなかった現在の資
産価格を、低コストで瞬時に知ることができる。これらのサービスは、一
見すると従来の不動産仲介プレイヤーにとっては脅威と思われがちだが、
実は中古不動産の流通市場の拡大に貢献する可能性がある点を見落とすべ
きではない。

　通常、自宅を取得した消費者は、売却しようと思わない限り、自宅の時
価を知ることはない。しかし、人工知能を活用した価格査定サービスは、
自宅の今の資産価値を随時意識させることが可能となる。中には家計簿ア
プリ等と連動するサービスも登場しており、単なる毎月の収支管理だけで
はなく、今月の自宅の査定額と住宅ローン残高が自動的に表示されるよう
になってきた。

その結果、本来は売却の意思がなかった潜在的な需要を掘り起こすことが可能になるかもしれない。日本においては中古不動産の流通活性化が長年の課題と言われてきたが、不動産テックを上手く活用することで、中古不動産の取引が拡大し、市場全体の規模を広げることも可能だろう。

従来のプレイヤーは、無闇に敵対視するのではなく、これらのサービスが及ぼす可能性を冷静に捉え、人口減少に伴い縮小せざるを得ない取引市場を拡大させるための1つの方策として意識することが重要なのではないだろうか。まさに顧客に対するサービス全てを自らが担うのではなく、これらの価格査定サービスを、いかにして自らのビジネスに最適に組み合わせるのかが重要になってくるのではないだろうか。

さらに特筆すべき論点として、不動産流通という側面では、今後、不動産流通サービスの受け手となる利用者がデジタル・ネイティブ世代に突入する[6]。小売や金融等、比較的若年層の段階からサービスを利用する業界とは異なり、不動産流通サービスは概ね40歳前後以降の世代を顧客としてきた[7]。その年代が、いよいよデジタル・ネイティブ世代に突入することを見据え、テクノロジーを活用したサービス展開を取り込んでいくべきタイミングに来たのではないだろうか。

5　日本における不動産テックの展望

既に述べたように、海外においては、急速に発展するテクノロジーとビッグデータ、オープンデータを用いて、不動産の取引・評価・業務に数々のイノベーションを起こす不動産テック企業が次々と誕生している。

その背景には、日進月歩で進化する技術革新により、機械がビッグデー

---

6)　一般に「デジタル・ネイティブ世代」とは、学生時代からインターネットやパソコンのある生活環境の中で育ってきた世代であり、日本では1980年前後生まれ以降が該当するとされる。

7)　国土交通省住宅局「平成28年度住宅市場動向調査」2017年3月では、住宅の一次取得者（初めて住宅を取得した世代）の世帯主の年齢は、注文住宅：39.4歳、分譲戸建住宅：36.9歳、分譲マンション：39.4歳、中古戸建住宅：41.1歳、中古マンション：43.4歳となっており、まさに今後デジタル・ネイティブ世代を迎えることになる。

タに基づいて自ら学習し、人間を超える高度な判断や自律制御が進展することで、個々のニーズに合わせたカスタマイズ化、マッチング・シェアリングの進展、人間の役割のサポート・代替が進展していることがある。

例えば、不動産流通サービスで言えば、価格査定に留まらず、顧客対応や物件確認などの業務フローの効率化・自動化、顧客の特性に応じたアドバイスの高度化、そして不動産のネット仲介等、テクノロジーによる業務代替の可能性は様々な領域で想定され、それによって労働生産性の向上だけではなく、不動産業の産業規模や不動産取引市場の拡大に寄与することも可能だろう。

ただし、テクノロジーを活用する最大の目的は、より高付加価値なサービスを提供することにあるのを忘れるべきではない。業務コストや手数料の割引競争に終始するのではなく、テクノロジーを活用した品質競争こそが本来のあるべき姿だろう。従来のプレイヤーにとっては、次の変革を引き起こすテクノロジー及びデータを適切に見極め、早期に取り込むことによって、無闇に敵対するのではなく、不動産業の産業規模や市場規模を拡大させることを目指すべきだろう。

今後の日本においては、不動産テック企業を新しい産業として育成・振興し、資産規模の成長だけではなく、生産性や効率性などの非連続的な成長も促すべきではないだろうか。それとも、海外から新進気鋭のプラットフォームが上陸するのを待ち、その下請けとなる道を選ぶのだろうか。

将来の人口減少下での経済成長を支えるためには、不動産の最適な活用だけではなく、創造的な活用を支える情報基盤やプラットフォームをさらに充実させ、民間企業の有機的な連携による革新的なビジネスの創出支援等を通じて、国・地方自治体、民間企業、投資家、そして起業家たちが循環しながら広く共存共栄していくエコシステムの形成を早急に図るべきだろう。

それには、政府による不動産情報基盤の整備に限らず、サンドボックス制度等を活用した規制緩和やサポートデスクの設置等、民間企業の創意工夫を最大限に活用する官民が連携した支援策も必要となる。

デジタル化が遅れ、労働生産性も極めて低い日本の不動産業界に、大きなイノベーションをもたらすような、日本版の「不動産テック」の台頭に

期待したい[8]。

---

8) 株式会社野村総合研究所とケネディクス株式会社は、2017年8月に不動産テック分野での協業で合意し、不動産を対象とした投資型クラウド・ファンディング事業を推進するため、ビットリアルティ株式会社を設立した。ビットリアルティ株式会社は、当該プラットフォームを基盤として、人工知能やビッグデータ分析、ブロックチェーン技術等を応用した新たな不動産テック事業サービスの提供を行う予定である。

第3章

動的ネットワーク拠点としての不動産経営
──インフォメーション・エコノミーからの考察──

九州大学大学院経済学研究院 教授
篠﨑 彰彦

要旨

　本稿では、情報流通やマッチング機能の革新などで注目されている不動産テックについて、インフォメーション・エコノミーの観点から考察する。不動産テックを「情報化のグローバル化」に伴う「モノと人のモビリティ増大」という文脈で捉えると、単に不動産の情報化が技術的に一段階進んだ現象ではなく、従来の業界の仕組みに「揺らぎ」をもたらす動きといえる。それを象徴するのがシェアリングエコノミーやギグエコノミーの浸透であり、質的にも量的にも不動産市場参加者のすそ野を圧倒的に広げ、需要と供給の両面から市場のフラグメンテーション化（断片化）を起こしている。その結果、資金調達、開発、販売、仲介、管理といった不動産サプライチェーンの各段階において、組み合わせ可能な選択肢が爆発的に広がり、あらゆる不動産を「動的ネットワーク空間のノード（結び目）」と位置づけ、そこに様々な付随サービスをコーディネートする役割が重要性を高めている。こうした環境では、情報力に競争優位の軸足が移るため、圧倒的な情報収集力と解析力を備えた異業種からの有力な参入も起きている。空間（スペース）を提供するビジネスで、これまで座標の中心に位置していた不動産業界には「暗黙の了解」を打破する斬新な発想が求められる。

1 はじめに

スマートフォンのグローバルな普及とともに、ビッグデータ解析、モノとの連携（IoT）、人工知能（AI）、シェアリングエコノミーなど、情報技術の革新はさらに一段と加速している。この勢いが不動産業界にも押し寄せ、近年は「不動産テック」として注目されている。不動産業界の情報化は、古くはインテリジェントビルなど通信自由化と情報化投資に沸いた1980年代まで遡ることができるが、従来は、施設の情報機能を高度化することや不動産関連ビジネスの業務効率化、あるいは、売買・仲介情報のネット化などが中心であった。これらは、いずれも不動産業界の「既存の仕組み」を前提に、各機能をデジタル化、ネットワーク化する取り組みであり、不動産関連の取引に登場する供給者や需要者の顔触れは従来と同じで、その取引慣行も基本的には変わらないことを「暗黙の了解」としていた。

だが、世界の景色を一変させている現在の情報技術革新によって、不動産業界を取り巻く「暗黙の了解」は激しく揺さぶられている。情報技術を装備してイノベーションの波に乗った数十億の人々は、稼得機会と消費力を高めながら、行動範囲をグローバルに広げている。この途上国も巻き込んだ「情報化のグローバル化」は、あらゆる産業の垣根を越えて押し寄せる大奔流となり、至る所で業界地図を塗り替えている。「不動産テック」についても、これを単に不動産業界の情報化が技術的に一段階飛躍したものだと従来の延長線上で捉えたのでは、事態を矮小化してしまう。最新の「不動産テック」動向については、マッチング機能の革新、各種不動産情報のデジタル化、精緻化、透明化など、本書の各章で専門家による優れた事例調査や政策提言がなされている[1]。そこで本章は、これらを多面的に読み解く際の一助として、不動産業界の立場から情報技術の潮流を読むので

---

1) 本書の各章に加えて、川戸（2016a, 2016b, 2017）、佐久間（2017）、国土交通省土地・建設産業局（2017）など参照。

はなく、インフォメーション・エコノミーの観点から不動産業界を照らし出し、不動産テックの本質が何であるかを考察することとしたい。

2　不動産テックの根底にある大奔流とは

はじめに、不動産テックでカギとなる情報技術の現状をみておこう。情報技術は、半世紀以上もの間、「ムーアの法則」に導かれて革新を続けてきた。処理能力が約2年で倍増するペースが続くと、変化「率」は一定でも、月日の経過とともに変化「量」は途方もなく莫大になる。1951年に世界初の商業用コンピュータが開発されてから67年が経過した現在は、半世紀以上かけて蓄積された技術進歩の総量がわずか数年で倍加する状況にある。

「ムーアの法則」については限界説も唱えられているが[2]、これまで実現したハードウェアの高い処理能力を基盤にソフトウェアやアプリケーションの開発が促され、今では巨大なデジタル・プラットフォームが形成されている。その上で生成される膨大な量のデータは、価値ある情報資源として今後も加速度的に蓄積・流通していくであろう。ビッグデータ解析、IoT、AI、自動運転など、急速に注目されるようになった実用技術は、新技術の「圧倒的な価格低下」と「爆発的な普及」に導かれて、「ムーアの法則」がヒト、モノ、カネの隅々に行き渡り、一気に威力を発揮する時期に入ったことを示している。

しかも、その影響力は、途上国を含めてグローバルに及ぶ。技術の普及状況を示す総合指標を用いて、世界215カ国・地域の動向を長期観察すると、先進国が100年以上をかけて、ようやく20世紀末に辿り着いた一人一装備の技術普及水準に、21世紀の新興国・途上国は、わずか10年程度で到達していることがわかる[3]。これを識字率と普及率の関係を示す散布図の変化で確認すると（図表1）、その原動力はモバイル技術にあり、21世紀

---

2)　例えば、Simonite Tom（2016a, 2016b）参照。
3)　詳しくは篠崎（2017）、野口他（2015）、篠崎・田原（2014）を参照。

図表1 識字率と情報技術の媒体別普及（2000年と2015年）

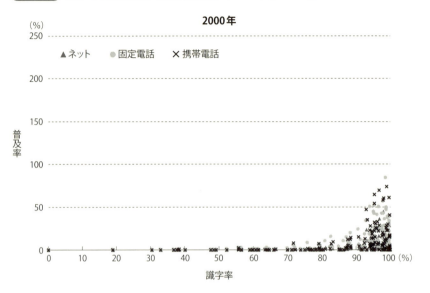

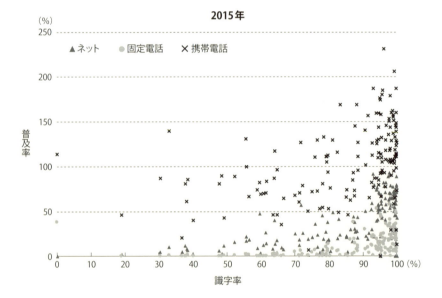

（備考）篠﨑（2017）図表2より転載。

に入ってから劇的に技術伝播した様子が読み取れる。まさに「情報化のグローバル化」と呼ぶにふさわしい現象である[4]。多くの人々がボーダーレスにネットワーク化された最新技術を装備し、様々な情報を得て稼得機会を広げていけば、所得や購買力が高まるだけではなく、人々の興味や関心も国境を越えて広がり、行動範囲はグローバルに拡大する。

　こうした文脈で「不動産テック」を捉えると、大奔流の二つの側面がみえてくる。一つはあらゆる領域を席巻している「産業の情報化」[5]が不動産業界に及んでいるという側面、もう一つは「情報化のグローバル化」で飛躍的に高まった「モノと人のモビリティ（移動性）増大」が不動産業界に及んでいるという側面である（図表2）。それらを象徴するのがシェアリングエコノミーの広がりであり、不動産業界に対しては、市場参加者の質と量を著しく変え、需要と供給の両面でフラグメンテーション化（断片化）を促している。こうした環境では、従来のビジネスを一旦白紙に戻し、個々の機能をアンバンドリング（棚卸しによる再整理）した上で、ニーズに応じてコー

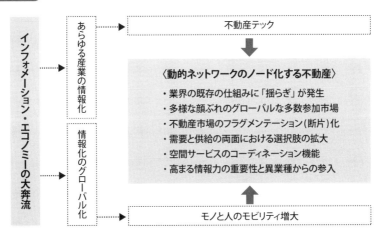

図表2　インフォメーション・エコノミーと不動産テック

---

4)　篠﨑（2015）では「情報化のグローバル化」が地域経済に及ぼす影響についての分析がなされている。
5)　「産業の情報化」と「情報の産業化」に関する概念整理と過去の議論は篠﨑（2014）参照。

ディネーションする機能が重要となる。不動産というリアルで物的な資産を扱う業界でありながら、次第に物的価値のみならず、付随する関連サービスのコーディネーションに価値の重心が移り、そこに情報技術をどう活かすかが競争優位でカギとなるエコシステムが形成されるからである。本章では、これらの点を掘り下げていこう。

3　シェアリングエコノミーの本質は何か

　ひとくちに不動産業界といっても、その機能と業態は多様である。ここでは、資金調達やメンテナンスの機能も視野に入れ、便宜的にREITの分類に準じて、ホテルなどの宿泊施設、マンションなどの住居施設、物流センターなどの産業施設、ショッピングモールなどの商業施設、事業用のオフィスビルに大別しよう。これらに共通するビジネスの特徴は「スペースの提供」、すなわち「空間のマネジメント」である。そのため、不動産業界といえば、比較的大型の資産を扱う「装置産業」の性格が強かった。

　しかし、マネタイズ（収益力）の観点で突き詰めると、宿泊料や賃料を支払う利用者を探し出し、保有資産＝空間をできるだけフル稼働の状態に保つことがカギを握る[6]。その意味では、まさにITが得意とするマッチング機能に競争力の源泉があるといえよう。従来の技術体系では、このマッチング機能に制約が大きく、零細なプレイヤーによるグローバル市場への参入は極めて困難であった。ところが、今ではこれが様変わりしている。

　それを具現化したシェアリングエコノミーの代表格が民泊事業を展開するAirbnb社である。スマホが普及し始めた2008年[7]設立の同社は、どんな施設を、いつ、いくらで利用したいか、あるいは提供できるか、といった需要と供給の情報をきめ細かく掬い取ってマッチングする民泊のウェブサイト運営会社である。施設を整備・保有する従来型の「装置産業」ビジ

---

6)　不動産そのものの「売買」という面でも、キャッシュフローに依拠した売買評価額の形成を前提にすれば、個人住宅を除いて、こうした考え方が受け入れられる。

7)　スマホ普及の起爆剤となったアップル社のiPhoneは2007年6月に発売開始された。

ネスとは全く異なるが、今では世界191カ国6万5,000以上の都市で300万を超える宿泊施設を取り扱っている[8]。この「施設を保有しない不動産ビジネス」は、ITが可能にした事業（IT-enabled business）の一種であり、これまでにもBooking.comやExpediaなどのホテル比較サイトが同様の機能を提供していた。だが、従来のマッチングサイトが対象としていたのはあくまで「既存の業界」である。

これに対して、シェアリングエコノミーは「既存の業界」の外側に広がる全く新しい空間を取り込んでいるという点で、従来の比較サイトとは一線を画している。その特筆すべきインパクトは、第1に、需要者のみならず、供給者のすそ野までも圧倒的に広げ、量的にも質的にもこれまでにない多様な顔ぶれによる「多数参加のグローバル市場」を生み出したこと、第2に、不動産の所有と利用の分離を促し、市場のフラグメンテーション化（断片化）を引き起こしていること、第3に、施設のメンテナンスや利便性などで魅力ある付随サービスをコーディネーションする能力が問われるようになり[9]、あらゆる面で情報力が重要性を高めていること、の3点にある。これらを順に考察しよう。

4　家計の市場参入と市場のグローバル化

不動産業界が巨大な「装置産業」であった時代は、空き部屋の貸し出しといえば、学生街の下宿や鄙びた町の民宿など、細々とした存在に過ぎなかった。だが、低コストのマッチング機能を提供するデジタル・プラット

---

8)　2017年12月時点の同社ホームページ会社情報（https://www.airbnb.jp/about/about-us）による。

9)　Airbnb社は、規制が厳しい日本での事業展開に際して、ワンストップで運営支援サービスを提供すべく、開業等の法的手続きでは行政書士法人、清掃やリネン交換ではセゾングループ系の西新サービス、家電や家具の手配ではビッグカメラ、宿泊者向けの通信サービスではソフトバンク、各種保険では損保ジャパンなど関連企業と連携した代行サービスのコンソーシアムを立ち上げている。

　　（https://press.atairbnb.com/ja/full-service-vacationrental-property-management-solution/、2018年2月13日閲覧）。

第3章　動的ネットワーク拠点としての不動産経営　　55

フォームの出現により、供給側では、参入コストが劇的に低下し、膨大な数を擁する家計部門からの参入が容易になった。他方、需要側では、ユーザーのすそ野がグローバルに広がり、デジタル・プラットフォーム上で、これまでにない多様な目的のニーズが顕在化するようになった。その結果、住居施設と宿泊施設の垣根はなくなり、古民家の活用など埋もれていた資産が一気に再評価されて、個性的なニッチ市場も生まれている。つまり、家計の参入と市場のグローバル化によって、供給面でも需要面でも従来の顔ぶれとは異なる多彩なプレイヤーが登場し、活気に溢れた国際市場が創出されているのである。

日本政府観光局（2018）によると、2017年の訪日外国人旅行者は、前年比19.3％増の2,869万人で、10年前と比べて3.4倍になった。2020年の東京五輪を視野に入れると、その数は一段と増加するであろう。国境を越えた人材移動（モビリティ）の高まりは「情報化のグローバル化」を特徴づける現象の一つであり、人口減少下にある日本の不動産業界にとっては見逃せない。これまでは、ヒト、モノ、カネが集積する都市部のリアルな活動が情報を生み、不動産の価値を高めた。ところが、解像度の高い情報がグローバルに行き交う現在は、逆の連鎖が生まれている。まず、きめ細かな情報が先に動き、その後で、「では、行ってみよう、買ってみよう、会ってみよう」とヒト、モノ、カネのリアルな活動が派生している。つまり、情報が起点となってリアルな経済が動き、それが不動産の価値を動かす要因になっているのである。「定住人口」は減少しても、情報で惹起される「交流人口」が不動産評価に影響を与えるという点で、「マネタイズ（収益化）に情報を活かす」新たなビジネスの発想が求められよう。

5　不動産市場のフラグメンテーション化

情報化によるグローバルな「交流人口の拡大」は、居住地が必ずしも1カ所とは限らない人口を増大させ、「モビリティ革命」を生んでいる[10]。この現象は、不動産の所有と利用のあり方にも深く影響するとみられる。

人々のモビリティが高まれば、1年365日を「同一住所」に定住して過ごす割合は低下する。まして、生涯を通して同じ地に定住するような生き方は今後ますます減少していくだろう。実は、「定住人口」と「交流人口」は、区別はあっても境界は曖昧である。日本の現状をみても、転勤族の一家、単身赴任中の勤労者、長期あるいは高頻度の出張者、親元を離れて暮らす大学生、来日中の外国人留学生などは、数年から数カ月、場合によっては数週間といった具合に、滞在期間の長短があるだけで、どこまでが「定住」でどこからが「交流」かを明瞭に二分することは難しい。

　居住地が定まらないと、「住所不定」と否定的に認識されがちだが、こうした人材は、意識の上でも実態上も、地域やコミュニティの帰属先がただ一つではない「複数のアイデンティティ」を擁しており[11]、多様性と活力の源泉でもある。シェアリングエコノミーやギグエコノミー（後述）の広がりが示すように、個人が場所と時間を多重化し、複数の帰属先で「連携の経済性」を発揮するのが容易になれば[12]、働き方や雇用の形態が変化していくことは間違いない。「定住」から「交流」へと移り変わる中で、「暮らすように旅する」あるいは「旅するように暮らす」という生き方が広がると、一生ものと思われがちな居住用不動産の粘着性に変化が生まれ、利用と所有の分離を促す一因になるだろう。

　その形態としては、次の3つが考えられる。第1は、所有をやめて利用に徹する、つまり、「購入から賃借への移行」である。この傾向は、カーシェアリングが広がりつつある乗用車の領域で既に進んでいる。第2は、所有はするが常時利用するわけではないという形態で、不動産を購入する一方で、それを一定期間は（数年、数カ月、数週間、数日など多様に）賃貸に出す

---

10)　Manyika (2017) によると、2015年には世界で2億4,700万人が出生地とは異なる外国で生活しており、過去50年間で3倍に増加したとされる。このうち9割以上は自ら望んでの行動で、約半数は途上国から先進国への移動である。

11)　庄司 (2015) は、複数のグループや組織の形成を容易にするソーシャルメディアの機能に着目し、その多様性が個人の「複属化」を促すとした上で、海外在住の外国人もID（個人番号）を取得できるエストニア政府によるe-Residency制度をヒントに、社会参加やID付与の仕組みへ実装していくには、「分人・複属」という概念が求められると問題提起している。

12)　連携の経済性について、詳しくは篠﨑 (2014) 参照。規模の経済性、範囲の経済性、ネットワーク効果といった経済性と対比しつつ概念の再構成がなされている。

「購入＋賃貸」の組み合わせである。第3は、投資の対象として複数の不動産を所有はするが、本人は直接利用しないという形態、すなわち、資産保有の目的で不動産を購入・所有はするが、自らの居住は賃貸でも構わないという対応である。これにはREITなど不動産の所有権取得には至らない金融型の投資も含まれるため、所有と利用に関する期間の細分化とミスマッチが一段と進む。

いずれにしても、人々のモビリティが高まることによって、不動産市場とりわけ居住用では、供給側でも需要側でも市場の断片化（フラグメンテーション化）が起き、資金調達、開発、販売、仲介、管理といった不動産サプライチェーンで選択の多様性が爆発的に広がる。これは、市場の深さと広がりという点で、関連サービス市場を一気に拡大させ、これまで馴染みのない顔ぶれの参入をグローバルに促すとみられる。こうした市場では、多様性の中からどのような組み合わせをコーディネートするかの力量が問われることになる。

6 ギグエコノミーが促す多彩な不動産利用

情報化の進展に伴う不動産市場の断片化は、所有と利用の面だけでなく、宿泊、住居、オフィスといった利用形態の「境界」でも起きている。その原動力となるのが、情報化で生まれる「ギグエコノミー」である。ギグとは、元々ジャズなどの音楽演奏で、バンドを組んでいるわけではない演奏者同士が、音合わせを兼ねてその場で即興演奏する単発ライブを指す。これが転じて、現在は、ネット上のデジタル・プラットフォームを活用し、様々な仕事を単発で請け負う独立自営型の働き方や経済活動を表現する際に用いられている。

生産者と消費者を合成した造語の「プロシューマー」という概念を提唱したToffler（1980）は、農耕社会で一体化していた生産と消費が工業社会では分離され、情報化の波で再び一体化すると展望した。確かに、社会的存在としての人間は、本来、生産者としてばかりでなく、消費者として、

さらには家族、隣人、友人など他者との多様な関係の中で生活を営んでおり、地域の帰属先以外にも、大小様々な集団に帰属する「複数のアイデンティティ」を擁している。ところが、20世紀の工業社会では、企業という「生産の組織」が数の上でも規模の面でも著しく増殖し、個人にとって第一の帰属集団となった。長期雇用を特徴とする日本では特にその観が強く、極端な場合は唯一無二のアイデンティティになりがちである[13]。

だが、今日では、ネットを通じた協働型の仕組みによって、階層構造の組織に頼らざるを得なかった英知の結集力が広く解放されるようになった。多数の人々を募って業務を委託するクラウドソーシングの広がりは、企業に雇われて内部化するしかなかった「労働」の姿を変えつつある。さらに、民泊やライドシェアの広がりが示すように、個人が有する居住空間から自家用車、備品、衣装や小物、さらには各種の専門技能に至るまで、散逸し埋もれていた多彩な「休眠資産」をマッチングして「経済資源化」するギグエコノミーの可能性もグローバルに広がっている。

時間や場面を細分化した経済活動の広がりは、不動産の利用についても、宿泊、住居、ビジネスの境界を曖昧にし、利用期間が短期から長期まで多様化することも相まって、一層複雑な断片化を促す。市場参加者が世界に広がれば、日本では考えられないようなニーズも顕在化するであろう。例えば、長期出張のビジネスマンが、夏休み中の家族を同伴して一定期間を本来の居住地とは異なる場所で過ごす場合、利用目的は多岐に及ぶ。生活にゆとりのある世界のリタイア層は、夏は涼しい避暑地で、冬は温暖な避寒地で滞在することも、逆に、ウィンタースポーツを楽しむなら冬こそ寒冷地という過ごし方も可能である。アクティブな都市生活や転地療養などの医療型滞在も考えられる。

こうした動きもまた、従来の範疇や区分ではうまく捉えきれない不動産サービス市場の拡大を促進する。多様に断片化されたニーズに応えることは、これまでコスト面からビジネスの対象とはなりにくかったが、限りなく

---

13) ノーベル経済学賞を受賞したSen（2006）は、アイデンティティの複数性を考慮せず、人間をただ一つの帰属集団という観点で認識することの危うさを国際問題と絡めて論じている。

低コストでマッチングやコーディネーションを可能にするデジタル・プラットフォームの出現がその常識を打ち破っている。利用目的として何をどこまで認めるか、どのような不随サービスを提供するか、ユーザーとのマッチングだけでなく、施設と関連サービスの多彩な連携力が求められよう。

　例えば、民泊ビジネスに乗り出した楽天は、単にスペース提供者と利用者をマッチングさせるだけでなく、施設改修、清掃、備品管理、消耗品補充、鍵の受け渡しなどの付随サービスをコーディネーションすることで、競合者との差別化を図ろうとしている[14]。また、共用オフィスの海外展開を図るベンチャー企業は、現地企業とのやり取りに活用できるSNSを独自に設けたり、現地の英会話学校と連携したサービスを提供したりして日系企業の進出をサポートする計画だと報じられている[15]。この他、ベンチャー企業の立地が相次ぎ、「シリコン・ビーチ」と称されるロサンゼルス近郊のサンタモニカやベニスビーチでは、会議室などを備えた住居・オフィス一体型施設が、プライベートタイムにはサーフィンを楽しむ個人事業者らに人気を博していると伝えられている[16]。

7　情報化で変貌する不動産市場の特質

　不動産とは、文字通り「リアルで物的」な資産であり、全く同一の物件は存在しないという点で個別性が強く、一般の消費財に比べると取引頻度は少ない。また、住居であれば生涯、本社ビルであれば永続という具合に、取引後の所有や利用で粘着性が高い。さらに、開発、建設、販売、仲介、管理、税制などの面で複雑な規制が数多く、ローカル性も強いことから、堅固で安定した業界慣行の下で市場が形成されてきた。

　だが、上述した通り「情報化のグローバル化」に伴う「モビリティの高まり」によって、現在は不動産市場参加者の質と量が大きく変貌し、市場

---

14)　楽天 (2017) 参照。
15)　日本経済新聞 (2017②) 参照。
16)　土方 (2017) 参照。

図表3 情報化で変貌する不動産市場の特質

〈従来〉	〈今後〉
強い個別性	多数参加・断片化
低頻度取引	高頻度化・市場化
高い粘着性	モビリティ化
ローカル性	グローバル化

安定した業界慣行 ——————▶ 揺らぐ既存の枠組み

は断片化している。さらに、時間価値を細切れにするギグエコノミーの広がりで、不動産の利用期間や目的が多様化する結果、取引頻度の高まり、一件当たり取引額の小型化、スポット的利用による粘着性の低下、取引処理の迅速化などが起きている。これらはまさに「市場化」の力学そのものといえよう（図表3）。

こうした環境では、不動産の「リアルで物的」な魅力だけでなく、場合によってはそれ以上に、利用可能なサービスのメニューと質の魅力が重要になる。そこでは、情報技術を巧みに活かした「コーディネーション力」が競争優位のカギを握るであろう。ユーザーの利用目的が多様であるだけに、求められる付随サービスも、什器備品リース、ハウスクリーニング、ベビーシッター、ナーシング、コンシェルジェ、宅配サービス、ランドリーサービス、ケータリング、レストラン、商業施設、スポーツジム、学習施設、医療機関、セキュリティ、緊急時対応など多岐に及ぶ。料金や質の水準もユーザーによって異なることから、これらを自前主義によって丸抱えするのではなく、「連携の経済性」を活かして、多彩な外部の専門業者をコーディネートし、ニーズに合ったパッケージを調える能力が求められる。それには、情報技術の巧みな活用が欠かせない。

8　情報武装した異業種の不動産市場参入

情報力とコーディネーション力を活かしたビジネス展開は、既に物流セ

ンターなどの産業施設や小売店舗などの商業施設で現実化しており、IT業界から不動産業界への強力な異業種参入も起きている。Amazonはその典型で、1994年に書籍のネット販売を目的に設立された同社は、様々な物販を手がけるEC（電子商取引）サイトの運営へと事業展開し、今ではECサイトの運営で培ったクラウド・コンピューティングなどの技術を活かしてAWS（Amazon Web Service）を提供している。さらに、IoT、ビッグデータ解析、AIなどの最新技術を巧みに使うことで「莫大な情報を資産へと転化」し、効果的な配送システムや品揃えに関する屈指のノウハウを武器に物流センターや商業施設の経営にも乗り出している。この面だけを切り出すと、情報武装でコーディネーション力を身に着けた有力な不動産事業者といえるだろう[17]。この背景には、「倉庫」におけるトラックの待ち時間が大きな問題となり、その解決にデジタル・プラットフォームの果たす役割が大きくなっていることも影響している。

　ここで重要なのは、情報技術革新によって、「同質の財・サービスを生産している企業の集合的概念[18]」である産業や業界の垣根が突き崩されていることである。かつての「倉庫業」といえば、留まった状態の動かないモノを保管する「静的」な空間マネジメントを連想しがちであったが、今では、活発なモノの動き全体を賢くマネジメントする物流拠点、すなわち動的ネットワークのノード（結び目）としての機能がビジネスの特徴となっている。本章で考察したように、モビリティの高まりはモノだけでなく人の動きにまで及んでおり、物流施設のみならず、あらゆる不動産を「モノや人の動的ネットワーク空間のノード（結び目）」と位置づけ、情報力を活かして巧みにコーディネートする機能が、今後ますます重要になると考えられる。2017年7月には、「サービスとしての空間」をコンセプトに世界15カ国で事業展開しているシェアオフィスの米系ベンチャー企業WeWorkが、日本のソフトバンクグループと合弁会社を設立すると発表した[19]。こうした動きは一段と活発化するであろう。まさにこの点に「不動産テック」の

---

17)　Amazonは2016年末現在、日本全国8都道府県で18カ所の物流センターを運営し、今後も一層拡大していくことが見込まれている（二階堂［2017］）。

18)　鶴田・伊藤（2001）

本質がみいだせる。

9 おわりに

　以上、本章では、インフォメーション・エコノミーの観点から不動産テックを考察した。本章の議論を要約すると、第1に、マッチング機能や情報流通の革新など現在進行中の不動産テックは、単に情報化が技術的に一段階飛躍したものではなく、既存の仕組みに「揺らぎ」をもたらす威力があること、第2に、シェアリングエコノミーやギグエコノミーの広がりは、不動産市場参加者のすそ野を圧倒的に広げ、質的にも量的にも従来の延長線上では捉えられない多数参加市場を生み出したこと、第3に、その結果、多様なニーズが顕在化し、供給サイドと需要サイドの両面から市場のフラグメンテーション化（断片化）が起きていること、第4に、資金調達、開発、販売、仲介、管理といった不動産サプライチェーンで選択肢の多様性が爆発的に広がっていること、第5に、こうした環境では、不動産のリアルで物的な価値だけでなく、様々な付随サービスも含めて全体をコーディネートする力量が問われること、第6に、そのためには、情報を巧みに活かすことが必要で、情報装備した異業種からの有力な参入が起きていること、の6点である（53ページ図表2参照）。

　情報化の進展で、ネット消費が増加すると、リアルな商業施設に苦戦を強いるような影響が出るのは否めない。だが、その一方で、ネット販売の隆盛が物流施設の需要を増大させている。そればかりか、ネット販売を手掛けてきたAmazonは、米国の高級食品スーパーを買収し、リアルな小売

---

19)　WeWorkは「サービスとしての空間」をコンセプトに、クリエーター、起業家、中小企業、多国籍企業向けに柔軟に対応できるスペースやサービスを提供しており、2018年3月現在、世界21カ国62都市に300カ所以上の拠点を開設している。共同創設者のマッケルビー氏は2010年の創業時を振り返り、「当時の課題は、どのようなペースで成長するかわからない新興企業に適切なオフィスを提供する企業がなかったことだ」と述べている（日本経済新聞 [2017①]）。同社とソフトバンクグループの合弁企業は、東京都心エリアの施設を視野に入れて設立されたと報じられている（ソフトバンクグループ・WeWork [2017]、吉川・Chu [2017] 参照）。

施設の経営にも乗り出した。比較的所得水準の高い地域に擁する店舗網を鮮度管理機能のある「倉庫」として活用し、生鮮品のネット宅配を目論んでいると指摘されている。生鮮品の動きに合わせて分散する拠点を統合し、管理する仕組みに情報力は欠かせない。データの収集力と解析力を武器に、鮮度の高い商品の移動をコーディネートする空間マネジメントは、まさに「動的ネットワーク拠点としての不動産経営」そのものであり、今後の不動産市場における競争優位を考える上で興味深い。

　技術革新が巻き起こす「情報化のグローバル化」という大奔流は、モノと人のモビリティを高め、産業の垣根を突き崩しながら、あらゆる分野に押し寄せている。不動産テックは、空間マネジメントのビジネスでこれまで座標の中心に位置していた不動産業界に「暗黙の了解」を打破する斬新な発想を迫っている。

[参考文献一覧]

国土交通省土地・建設産業局 (2017)「先端技術を活用した不動産情報化 (不動産テック) の潮流と施策」『不動産研究』第59巻第1号, 2017年1月, pp. 5-17.

佐久間誠 (2017)「不動産業へのブロックチェーンの応用可能性」ニッセイ基礎研究所『研究員の眼』2017年6月, pp. 1-6.

川戸温志 (2016a)「不動産業界のプレイヤーは、不動産テックとどう向き合うべきか」NTTデータ経営研究所, 2016年4月, https://www.keieiken.co.jp/monthly/2016/0405/index.html (閲覧日2017年7月1日).

川戸温志 (2016b)「不動産テックの有望領域はどこか?」NTTデータ経営研究所, 2016年9月, https://www.keieiken.co.jp/monthly/2016/0921/index.html (閲覧日2017年7月1日).

川戸温志 (2017)「"不動産テック"カオスマップ2017年版 考察レポート」NTTデータ経営研究所, 2017年6月, http://www.keieiken.co.jp/monthly/2017/0601/ (閲覧日2017年7月1日).

篠﨑彰彦・田原大輔 (2014)「教育・所得水準とICTの普及に関するグローバルな動態変化の分析:デジタル・ディバイドから経済発展の可能性へ」情報通信総合研究所, *InfoCom REVIEW*, No. 62, 2014年3月, pp. 18-35.

篠﨑彰彦 (2014)『インフォメーション・エコノミー:情報化する経済社会の全体像』NTT出版, 2014年3月.

篠﨑彰彦 (2015)「情報化とグローバル化の大奔流を地方創生にどう活かすか:ネットと結びついたインバウンド消費とふるさと納税の取り組み事例」土地総合研究所編『明日の地方創生を考える』東洋経済新報社, 2015年12月, pp. 106-131.

篠﨑彰彦 (2017)「イノベーションの奔流とグローバル経済の発展:過去四半世紀の軌跡と今後予想される変容」イノベーション学会『研究 技術 計画』Vol. 32, No. 1, 2017年2月, pp. 21-38.

庄司昌彦 (2015)「"分人・複属"と電子行政」行政情報システム研究所『行政＆情報システム』2015年8月号, pp. 55-59.

ソフトバンクグループ・WeWork (2017)「ソフトバンクとWeWork、日本のワークスタイルを変革する合弁会社を設立」2017年7月18日付プレスリリース, https://www.softbank.jp/corp/news/press/sb/2017/20170718_01/ (閲覧日2017年7月20日).

鶴田俊正・伊藤元重 (2001)『日本産業構造論』NTT出版.

二階堂遼馬 (2017)「巨人果てしなき拡大：上陸17年目の新局面」『週刊東洋経済』2017年6月24日号, pp. 32-35.

日本経済新聞 (2017①)「米の共用オフィス最大手、日本上陸」2017年7月20日付朝刊, p. 14.

日本経済新聞 (2017②)「共用オフィスを海外に初開設：英会話学校併設、フィリピンに」2017年7月26日, 地方経済面 (九州) p. 13.

日本政府観光局 (2018)「訪日外客統計の集計・発表 (月別推計値)」JNTO訪日外客統計, https://www.jnto.go.jp/jpn/statistics/data_info_listing/index.html (閲覧日2018年2月13日).

野口正人・山本悠介・篠﨑彰彦 (2015)「データで読む情報通信技術の世界的な普及と変遷の特徴：グローバルICTインディケーターによる地域別・媒体別の長期観察」情報通信総合研究所, *InfoCom Economic Study Discussion Paper Series*, No.1, 2015年1月, pp. 1-25.

土方細秩子 (2017)「変わる“働き方”」『アゴラ』2017年12月, p. 9.

楽天 (2017)「楽天LIFULL STAYと楽天、民泊・簡易宿所向けのブランディングおよび 運用代行サービスを提供開始」プレスリリース資料, 2017年11月29日, https://corp.rakuten.co.jp/news/press/ (閲覧日2017年12月6日).

吉川有希・Kathleen Chu (2017)「ウィーワークが日本に参入、共同オフィス10 ～ 20カ所開設へ 」Bloomberg, 2017年7月10日, https://www.bloomberg.co.jp/news/articles/2017-07-10/OSUUM0SYF01T01 (閲覧日2017年7月20日).

Manyika, James (2017) "Technology, jobs, and the future of work," McKinsey Global Institute, *Briefing Note Prepared for the December 2016 Fortune Vatican Forum*, updated May 2017, http://www.mckinsey.com/global-themes/employment-and-growth/technology-jobs-and-the-future-of-work (閲覧日2017年7月1日).

Sen, Amartya (2006) *Identity and Violence: The Illusion of Destiny*, Allen Lane (邦訳『アイデンティティと暴力』東郷えりか訳, 勁草書房, 2011年).

Simonite, Tom (2016a) "Moore's Law Is Dead. Now What?" *MIT Technology Review*, May 13, 2016, https://www.technologyreview.com/s/601441/moores-law-is-dead-now-what/ (閲覧日2017年7月14日).

Simonite, Tom (2016b) "Intel Puts the Brakes on Moore's Law," *MIT Technology Review*, March 23, 2016, https://www.technologyreview.com/s/601102/intel-puts-the-brakes-on-moores-law/ (閲覧日2017年7月14日).

第4章

第4次産業革命下での不動産仲介業

中央大学総合政策学部 教授
実積 寿也

要旨

情報通信技術（ICT）と人工知能（AI）を経済社会活動の隅々で活用することで資源配分の効率性を高めることを目指す第4次産業革命は、少子高齢化問題に直面するわが国にとっては国家的要請でもあり、その実現に官民の努力が傾注されている。同革命のもとでは、情報の不完全性・不確実性を存立の基礎とする不動産流通業は存在理由が問い直され、生き残りのためにはビジネスモデルの再構築が必須となる。巨大なネット企業の存在を考えれば、不動産仲介業は物件仲介サービスに代え、モノのインターネット（IoT）を活用した総合的な生活サポートに活路を見出せる。

1　はじめに

少子高齢化による生産年齢人口シェアの低下に見舞われている日本経済が今日の繁栄を維持するためには、労働生産性の飛躍的改善は国家的な要請である。モノのインターネット（Internet of Things [IoT]）を活用して集めたビッグデータ（big data）を人工知能（Artificial Intelligence [AI]）で解析し、その成果をリアルな社会経済活動に還元して、労働生産性の飛躍的向上を

67

目指す第4次産業革命は、その要請に応える手段として期待されている。

同革命は不動産仲介の分野においても進行中である。「土地・不動産に関する情報の充実とその利活用を促進することは、透明で効率的な市場を形成する上で不可欠な基盤づくりであるとして、これまでも土地政策において重要な課題とされてきた」(国土交通省, 2017, p.5) とされ、不動産価格や供給物件に関する各種情報提供システムの充実が進められるとともに、急速に進化する情報通信技術 (ICT) を活用した不動産テック (Real Estate Tech) の潮流が観察されている。本稿では、第4次産業革命、具体的にはICT投資の深化によって要請される不動産仲介業の変容について考察する。

2 不動産仲介の機能

不動産という財のユニークな特徴は連坦性と個別性にある (前川, 2003)。連坦性とは、ある土地の利用が周辺の土地に影響を及ぼすことを意味し、経済的には外部性であるため、通常の市場メカニズムでは資源の有効配分が期待できない。一方、財が相互に完全に差別化されていることを意味する個別性の下では、完全情報条件の充足は期待できず、市場の厚みも薄くなるため地価の短期的変動の原因となる。さらに情報の流通も不完全となるため (図表1)、不動産取引は不完備情報ゲームとしての性質を持つ。この点に関連し、清水 (2016) は、現状では住宅をとりまく情報の不完全性と不確実性が大きく、効率的な資源配分が達成されていないという認識のもと、「不動産は、様々な情報の塊である。我々は不動産を取引しているのではなく、情報を取引しているということを強く認識しなければならない。」(p.62) と指摘する。大橋 (2017) は、前川 (2003) のいう個別性は、消費者が個々の物件に対して異なる選好を有することの反映であり、その結果として、水平的および垂直的な製品差別化が可能になると主張する。さらに、供給者と需要者の間には情報の非対称性が存在し、財が「探索財」「経験財・信用財」の性質を持つため、取引コストや品質保証コストが取引

図表1 不動産市場における情報流通

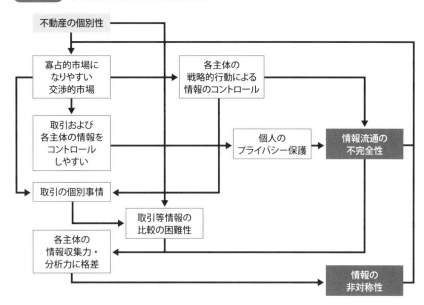

(出所) 前川 (2003, p.49, 図表2-18) をベースに筆者作成

の重要な要素となり、対策を講じない場合は資源配分の効率性が損なわれる可能性を指摘する。

　こうした市場で、需要者・供給者による取引相手の探索を容易にするサービスを有料で提供することが不動産仲介業者の伝統的な役割であり、それにより資源配分効率性が改善する[1]。中川 (2017) は、海外の先行研究をひきつつ、不動産仲介業者の役割を「『たくさんのバラエティーの不動産の在庫、情報を抱えること』と、『情報の非対称性を緩和すること』により、売り手と買い手のマッチング確率を上げるところにある」(p.19) と規定する。阪本 (1998) は、そうした情報サービスは、管理サービス、取引安全サー

---

[1] 市場が完全になればなるほど、仲介業者が提供するサービスは価値を失うので、仲介手数料が可変であるとすれば、その水準は不動産市場の競争性と逆相関となる。「日本の住宅流通市場は仲介手数料率が上限の3％であるケースが多い。これは、仲介の市場も不完全であり、仲介業者間の競争が存在しないことを示す。」(前川, 2003, p.141)

ビスとともに不動産流通業者の主要収益源であるとし、朴（2005）は、関係性マーケティングの観点から、プレイヤー間の情報の非対称を解消するため、不動産を「商品化」する仲介業者の役割が重視されていると指摘する。橘川（2016）は、不動産流通業が、全産業法人数に占めるシェアを近年拡大しつつある不動産業の中核を占めている点に着目したうえで、日本の経済発展、とりわけ都市化・重化学工業化に貢献した開発機能と、不動産取引に係る情報コストの削減に寄与したことを強調する。さらに後者に関し、個別化が著しい不動産については規模の経済が十分には機能しなかったため、結果として小規模事業者の生き残りが可能になったと主張する。

　しかしながら、現在の不動産仲介業者の機能は完璧ではない。既存住宅市場の現状に関し、前川（2017）は、既存の土地総合情報システムのカバー率の低さやプライバシー重視の影響で、売り手や買い手が利用できる情報量が少なく、財の品質に関する情報も不十分で、取引に介在する専門家の数も欧米と比較して不足していることを問題視する。利用できる情報の量・質が不十分であれば資源配分は最適とならない。また、取引価格と留保価格の差の最大化を目的として行動する需要者・供給者とは異なり、仲介業者は仲介純利益[2]の最大化を目指して行動するため、エージェント・プリンシパル問題の発生が不可避であり[3]、さらに、仲介手数料の存在は均衡取引量を減少させて死重損失を生む。大橋（2017）は、不動産の購買頻度は極めて少なく消費者側に取引経験の蓄積がほとんど発生しないことから、仲介事業者に情報の非対称性を活用して収益の最大化を図るインセンティブが過大に働く可能性が生まれることを指摘する。

3　不動産仲介の情報化

　不動産仲介に依然として残る非効率性については、情報化による対処が

2）　取引価格に仲介手数料率を乗じたものから仲介コスト等を差し引いたものとして定義される。
3）　本問題については前川（2017）においてモデル分析が行われている。

期待できる。非効率をできるだけ低コストで解消するような情報を提供することが競争優位性となるため、個々の事業者には情報化投資へのインセンティブが生じる。情報化によって物件情報の蓄積・管理のコストが飛躍的に低下すれば、不動産仲介事業者の提供する物件情報提供の量・質が改善し、内部プロセスの効率性が高まることで全般的なコスト削減も実現できる。大量の売買価格情報を蓄積し、AIなどを活用して分析すれば、個別性の高い不動産取引価格の予測が高い精度で可能になり、取引コストの低廉を通じて当該事業者の利益率が改善し、市場全体の効率性も高まる。

　不動産流通業界の情報化は、インターネット商用化以前の早い段階から期待されており、中西・佐藤（1989）は、産業連関分析を用いて、不動産業を含む「基盤型サービス部門」の2000年時点の姿について「公共性の強い産業や一般的に成熟した産業が多く、生産額、付加価値額の伸びは産業全体の伸びをやや下回っている…。これは、情報通信等の活用による経営の効率化、人材派遣業の活用等により付加価値要素のうちの雇用者所得（人件費）の減少が図られたことによる」（p.60）と描写し、プロセス効率化のための情報化が進むことを予測した。

　現実の情報化は1990年代から積極的に進展し、村社（1998）や秋山（1998）は、不動産流通標準情報システム（Real Estate Information Network System）による仲介業者間での物件情報共有や、インターネットによる消費者への情報提供が進みつつあると報告している。21世紀に入ってからは、インターネットの普及を背景に後者の取り組みに関する報告・分析が多い（不動産流通研究所［2001, 2002a, 2002b, 2003］など）。初期には、水登（2004）が記述しているように、「不動産物件の判断には現地確認が必須とされ、地場での情報優位性が依然高く、本当に価値ある情報はネットに回らないうちに買い手が決まるともいわれている。このため、情報化社会の恩恵はあまり受けていない」（p.32）という指摘も存在したが、近年の調査（不動産流通経営協会, 2016）によれば、住宅購入者全体の81.1％がインターネットを介して物件情報の収集を行っており、インターネットは不可欠の情報インフラとなっている。業界内競争に対処する差別化の手段としてSNSなどを活用して顧客囲い込みや地域密着を進めているケースもある

（渡辺他，2015）。中小企業を対象とした信金中央金庫地域・中小企業研究所（2014）の面接聴取り調査によれば、不動産業は中小企業の中で最もインターネットの活用が進んでおり、とくに「自社HPによる宣伝広告」「市場調査・マーケティング」などで活用されている。

4 仲介サービスの主役交代

　仲介サービスで情報化が進展すると、伝統的事業者群の市場退出（disintermediation）がもたらされ、それに代わって参入したICTに特化した強力なプレイヤーがより高品質かつ安価な仲介サービスの提供を行う（re-intermediation）といったケースが観察される。出版社と一般読者をつなぐ仲介サービスを提供していた街中の書店群がAmazonに、CDショップがiTunesにとって代わられたのは記憶に新しい。ネットワーク型サービスについては、利用者が増えるほどサービスの価値が高まるという「消費における規模の経済性」（ネットワーク効果）が発生するため、規模の劣る事業者は同種のサービスを提供する限り太刀打ちできない。伊藤（2001）は、ICTによるデジタル革命が既存業態の提供している「機能の束」をアンバンドルし、特定分野のみに秀でた新規参入企業によるクリームスキミングが発生する結果、残された部分だけを抱えた従来型企業は収益力を失い、産業の分解現象が生じると指摘する。不動産仲介事業においても同様な状況の発生が想定できる。多様な物件情報を消費者の個別ニーズにマッチングさせ、価格帯別に推奨リストを作成するといった作業はネット企業にとってはなんの造作もない。ブロードバンドインターネットがユビキタスに普及し、スマートフォンという高機能な端末機器が全員の手元にあり、さらに近い将来にはIoTデバイスが周囲に満ち溢れるような状況においては、強力なAIを装備できる巨大なネット企業の情報収集・分析力に従来型の不動産仲介業者が真正面から対抗することは困難を極める。

　不動産に対する需要と供給の高度なマッチングをICTにより低コストで実現した最も有名な例が、2008年設立のAirbnb（エアビーアンドビー）であ

る。同社ホームページ[4] によれば191か国超、65,000都市にある300万件が物件登録されており、通算で1億6,000万人以上が利用している。わが国におけるサービス展開については、2017年6月1日付けの日本経済新聞Web刊が、本サービスを利用した訪日外国人が2016年度に前年比約4割増の約400万人に達し、訪日客の15％前後がサービスを利用した可能性があると報じている。国内の登録物件数は2017年5月時点で51,000件[5]、本サービスによる経済的利益（2016年）は4,061億円、経済効果は9,200億円（対前年比77％増）に達している[6]。旅行者に対する宿泊施設・民宿の提供が主たる利用目的であるが、実際には28泊を超える長期滞在にも対応しており、シェアリングエコノミーの旗手として、従来型の不動産仲介業と実質的に競合していく可能性がある。

阪本（1998）は、ICT環境の整備が進めば、「ローカルな不動産情報の独占的優越的ポジション」（p.32）は、もはや長期的な競争力の源とはならないことを早い段階から指摘している。物件情報の提供コストが低下すれば、個々の不動産仲介事業者が取り扱える物件情報の対象エリアが拡大するため、地元に密着して地域独占を享受してきた中小事業者の市場支配力が崩され、競争圧力が高まり（大橋, 2017）、市場全体や産業構造そのものに大きなインパクトが生まれる[7]。仲介業者は、長期的生存を確保するために、単純な物件情報を超える高度かつ専門的な情報サービスを提供することで収入源の維持・拡大を図るか、あるいは大規模情報システムには実装されない別サービスへと業態を変化させる必要がある。前者の場合、ネット企業を上回る機能を実現しなくてはならないため、必要な投資の規模が大きく、大手事業者の勢力拡大、弱小業者の淘汰が加速する。不動産業においては売上や利益が増加した企業ほどICT化が進んでいるという調査結果

---

4) https://press.atairbnb.com/ja/fast-facts/
5) http://jp.techcrunch.com/2017/06/02/airbnb-japan/
6) https://prtimes.jp/main/html/rd/p/000000042.000016248.html
7) 情報の非対称性に対処する技術および市場統合を進め地域独占を崩す技術が不動産市場に与える影響についてシミュレーション分析した中川（2017）は、両技術とも市場拡大をもたらすため導入コストが一定以下であれば社会厚生を改善すること、後者の技術については市場統合前の独占事業者の収益を引き下げる可能性があることを示した。

（総務省, 2014）は、必要な投資規模が大きいことの反映だと解釈できる。情報化対応のための各種コストが嵩む場合、中小の仲介業者にとってはフルサービスの提供をあきらめ、コアコンピタンスである地元物件情報の質を上げるという後者の選択肢が現実解となる。

　従来型事業者が生き残りの方策としてネット企業には不可能なサービスの提供を目指すにあたり、不動産仲介の分野に強力な競争相手を呼び込み、その構造変化を引き起こしたICTは再び大きな力を発揮する。国土交通省（2016）は、「近年、IT化の遅れが指摘されている不動産分野においても、急速にIT利活用の動きが広まり」（p.168）、「ここ1〜2年間において、金融業界におけるFinTechに続き、不動産と先端技術を融合した不動産情報化（Real Estate Tech）が本格化しつつある」（p.169）と認識し、地理情報システムや、ビッグデータ、IoTの活用を例示している。ネット企業との棲み分けを考慮すれば、物件仲介の機能はネット企業にアウトソースしたうえで、自身は物理的な近接性が不可欠となるサービスを、個々の入居者に最適化した形で提供するというビジネス展開が構想できる。例えば北村（2002）は、インターネットの普及により、情報のオープン化をベースとした顧客主導化が進むため、不動産仲介業者は、顧客と物件のマッチング機能ではなく、ネットから得られる顧客情報を用いたきめ細やかな顧客対応を競うべきだと主張する[8]。一方、清水（2016）は、住宅固有の情報を収集・蓄積するルールを明確化し、集められた情報を比較可能・分析可能な状態にし、ビッグデータとして金融情報などの他データと融合させることで、新しいビジネス形態が生まれ、ビッグデータ解析が進むことで新たなリスクを金融機関がとれるようになれば、住宅市場自体の規模が拡張できると述べる。

---

8)　渡部（2015）は、Multiple Listing Serviceがあるため、日本に先んじて不動産取引情報が消費者に公開されている米国の事情を紹介し、経済動向や寸時の不動産傾向に対応するため、不動産業者の専門的コンサルティングが不可欠となっていることを指摘している。

5　不動産仲介業に求められる対応

　わが国の産業がICT投資を活用できる能力には産業ごとに濃淡がある。筆者らの分析（日本経済研究センター, 2017）によれば、ICT投資、とりわけソフトウェアに対する投資と労働生産性の向上に関し、製造業についてはある程度、正の相関がみられるが、非製造業では生産性向上をほとんど伴っておらず、労働生産性に対する投資の弾力性がマイナスとして計測される場合もある（図表2）。

　ICT投資が十分に活用されていない原因としては、リーマンショックや震災からの復興が影響を及ぼしている可能性に加え、適合的なビジネスモデルや社内体制を採用していない点が挙げられる。かつて、「ソロー・パラドックス」（生産性パラドックス）の原因解明をめぐる議論の中で、情報化投資の効果を十分に活かすためには、各企業が様々な補完的条件の整備を図る必要があることが強調され（Hammer［1990］、Clemons［1991］、Brynjolfsson

図表2　主要産業においてソフトウェア投資が生産性向上に与える影響

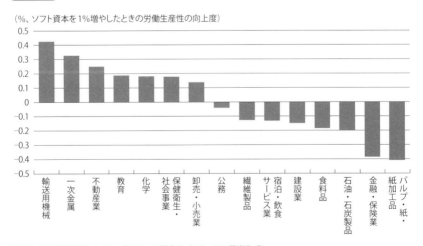

（出所）日本経済研究センター（2017, p.2, 図表1）をベースに筆者作成

& Hitt［1998］、Bresnahan et al.［2002］など）、わが国企業を対象に実証分析を行なった実績（2005）でも同様の結果が確認されたが、近年のICT投資に関しても同じ状況が発生している可能性がある。この点について、亀井（2013）は、不動産業界は他の業界に比べて昔ながらの商習慣や業務プロセスを重んじるために業務プロセスの抜本的な見直しが行われにくいという傾向があり、①事業部門主導による個別最適化、②手作業を中心とした業務プロセス、③メインフレームを中心とした基幹系システムの老朽化という3つの問題点を抱えていることを指摘する。総務省（2014）のアンケート調査によれば、ICT化の進展やICTの機能発揮にとって不可欠な組織改革や人的投資の状況に関し、不動産業は他産業の後塵を拝しているという結果が出ている。不動産仲介業においては、ICT投資を進め、前節に示したように単純な物件仲介機能からの離脱を行うとともに、内部の組織運営の再構築も進める必要がある。

　さて、2017年6月9日に閣議決定された「未来投資戦略2017―Society 5.0の実現に向けた改革―」[9] は、人口減少と少子高齢化が進む中で、経済成長を実現する手段として既存住宅流通・リフォーム市場の活性化を掲げ、2025年までに既存住宅流通の市場規模を8兆円に、リフォームの市場規模を12兆円に倍増することを目指している。目標達成の具体策には、全国版空き家・空き地バンク構築による既存ストック情報の流通支援および、家庭内機器のセキュリティ確保のためのモニター実証やデータ流通などに関する共通ルール作成などが挙げられている。不動産仲介業者は、個々の居住者に最適化された居住環境・住宅サービスを、物件に設置した無数のIoTにより収集されたビッグデータを活用して継続的に提供するという「総合サポート型サービス業」に舵を切ることで、本来の強みである地元密着性を新時代の競争優位性に転換できる。

　IoTを活用した第4次産業革命のメリットをいち早く享受している先進企業が追求している事業モデルが、まさにこの総合サポート型サービス業への転換である。建設機械メーカーの日本最大手のコマツは、自社製品に

9）　http://www.kantei.go.jp/jp/singi/keizaisaisei/pdf/miraitousi2017_t.pdf

IoTを組み込み、稼動情報をグローバルに収集・分析するシステム（KOMTRAX）を構築し、顧客へのプロダクトサポートの即時性、効率性の向上を実現した。タイヤメーカーのMichelinは、これまでの売り切りモデルではなく、テレマティクスやセンサーで顧客の利用状況を収集することで、走行距離に応じて課金するPay by the Mileと呼ぶサービスを運送業者向けに提供している。本サービスでは、Michelin側はパンク修理、メンテナンスから廃棄までのサプライチェーンの全責任を負う一方、サービス利用者は走行距離に応じてメンテナンスも含めたトータルの金額を支払う。

同様の事業展開が不動産仲介事業者にとって可能になれば、不動産仲介業は物件利用権の提供仲介ではなく、当該物件に居住することで消費者が享受する生活サービス全般の提供主体となる。例えば、水道光熱サービスの仲介はもとより、防犯セキュリティの提供、家具や炊事用具、日用品のレンタル、家事サービスなどを含む総合的な生活サポートを個別利用者のニーズに応じて提供する展開が視野に入る。併せて、その過程で地元居住者の詳細な情報を大量に保持することになるため、住宅・不動産関連にとどまらない個人向けサービス産業への展開も可能となり、生活サポート産業としての大きな飛躍も期待できる。

6 おわりに

第4次産業革命は、ICTとAIを経済社会活動の隅々で活用することで資源配分の効率性を極限まで高めようという試みである。それに対し、住宅をとりまく情報の不完全性と不確実性によって効率的な資源配分が妨げられている点をビジネスチャンスとして成立している不動産仲介業は、今後、ビジネスモデルを根本的に見直さなければ、市場での生き残りが困難となる。

ICTやAIは、規模の経済やネットワーク効果が強く働き、技術進歩のために陳腐化が速い宿命を持つ。これらを十分に活用するためには利用者サイドに膨大な資本力が要求される。加えて、ネット企業側に技術面での優

位性があることを考えれば、不動産仲介事業者は独自の付加価値を提供できる分野以外はアウトソースし、IoTを活用した総合的な生活サポート産業に脱皮していくことが必要となろう。

[参考文献]

秋山知子 (1998)「特別レポート2　不動産業界のSFA―住宅不況に情報化で勝つ：顧客への情報公開がカギ―」『日経情報ストラテジー』7 (9), 120-127.

Bresnahan, T. F., Brynjolfsson, E. and Hitt, L. M. (2002) Information Technology, Workshop Organization, and the Demand for Skilled Labor: Firm-Level Evidence. *Quarterly Journal of Economics*, 117 (1), 339-376.

Brynjolfsson, E. and Hitt, L. M. (1998) Beyond the Productivity Paradox: Computers are the Catalyst for Bigger Changes. *Communications of the ACM*, 41 (8), 49-55.

Clemons, E. K. (1991) Evaluation of Strategic Investments in Information Technology. *Communications of the ACM*, 34 (1), 22-36.

不動産流通経営協会 (2016)「不動産流通業に関する消費者動向調査〈第21回 (2016年度)〉調査結果報告書 (概要版)」.
https://www.frk.or.jp/suggestion/2016shouhisha_doukou.pdf

不動産流通研究所 (2001)「特集 インターネット時代の不動産情報オープン化」『月刊不動産流通』19 (7), 10-26.

不動産流通研究所 (2002a)「特集 不動産業最新インターネット戦略 (1)」『月刊不動産流通』21 (1), 51-71.

不動産流通研究所 (2002b)「特集 不動産業最新インターネット戦略 (2)」『月刊不動産流通』21 (2), 11-41.

不動産流通研究所 (2003)「特集 営業効果を高める！インターネットホームページ活用術」『月刊不動産流通』22 (2), 10-33.

Hammer, M. (1990) Reengineering Work: Don't Automate, Obliterate. *Harvard Business Review*, July-August, 104-112.

伊藤元重 (2001)『デジタルな経済　世の中　大変化　小変化』日本経済新聞社.

実積寿也 (2005)『IT投資効果メカニズムの経済分析―IT活用戦略とIT化支援政策』九州大学出版会.

亀井章弘 (2013)「不動産業界におけるIT戦略の方向性」『ITソリューションフロンティア』30 (4), 8-11.

橘川武郎 (2016)「不動産流通業の課題」『土地総合研究』24 (1), 42-48.

北村勝利 (2002)「ネットはすでに一般ツール。BBの普及で第二の大変革が」『月刊不動産流通』21 (1), 48-50.

国土交通省 (2016)「平成28年版土地白書」.
http://www.mlit.go.jp/report/press/totikensangyo02_hh_000089.html

国土交通省 (2017)「先端技術を活用した不動産情報化 (不動産テック) の潮流と施策」『不動産研究』59 (1), 5-17.

前川俊一 (2003)『不動産経済学』プログレス.

前川俊一 (2017)「既存住宅市場における情報の非対称性とそれに対する対策」『土地総合研究』25 (1), 48-65.

水登朱美 (2004)「情報化時代における不動産情報開示（特集：土地情報 活かして創る明るい未来)」
『国土交通』(47), 32-33.

村社通夫 (1998)「情報化が加速する不動産流通業界の構造変化―模索が続く「情報化」への適確な
対応―」ニッセイ基礎研究所レポート.
http://www.nli-research.co.jp/files/topics/35159_ext_18_0.pdf?site＝nli

中川雅之 (2017)「不動産業者の役割とテクノロジー」『土地総合研究』25 (1), 18-29.

中西一隆・佐藤隆 (1989)「西暦2000年の情報化社会―情報通信モデルによる予測」『産業連関』1 (2),
55-63.

日本経済研究センター (2017)「第4次産業革命の中の日本～情報は国家なり～」.
https://www.jcer.or.jp/policy/policy-proposal/detail5216.html

大橋弘 (2017)「不動産流通業と産業組織：今後に向けての研究メモ」『土地総合研究』25 (1), 4-9.

朴善美 (2005)「情報化が加速する不動産業界のマーケティング戦略」『明海大学不動産学部論集』13,
75-83.

阪本一郎 (1998)「不動産と情報化」『日本不動産学会誌』12 (3), 32-33.

清水千弘 (2016)「透明で中立的な不動産流通市場の条件―情報流通整備と新産業の重要性―」『土地
総合研究』24 (1), 49-64.

信金中央金庫地域・中小企業研究所 (2014)「中長期業景況レポート　No.156」.
http://www.scbri.jp/PDFtyuusyoukigyou/scb79h26M156.pdf

総務省 (2014)「ICTによる経済成長加速に向けた課題と解決方法に関する調査研究報告書」.
http://www.soumu.go.jp/johotsusintokei/linkdata/h26_02_houkoku.pdf

渡部ジェイスン (2015)「不動産情報化 市場を支える米国MLS」『住宅新報web』.
http://www.jutaku-s.com/rensai/id/0000000672

渡辺真也・薬品和寿・鉢嶺実 (2015)「IT利活用が中小企業にもたらすものは④―中小建設・不動産
業のIT利活用―」『信金中金月報』14 (5), 34-48.

第5章

プラットフォーマーが
不動産業にもたらす変革
—— Amazonを参考にWeWorkのビジネスモデルと影響を考える——

株式会社ニッセイ基礎研究所 金融研究部 研究員
佐久間 誠

1 はじめに：プラットフォーマーの脅威

　プラットフォーマーと呼ばれる巨大IT企業が世界を席巻している。世界の上場企業の時価総額ランキングを見ると、上位10社のうち7社がプラットフォーマーだ（図表1）。これらの企業の多くは、急速に事業を拡大し、様々な産業に変革をもたらしている。

　プラットフォーマーとして最も成功している企業の一つが米電子商取引大手のAmazon.com Inc.（以下Amazon）である。同社は品揃え、低価格、利便性を武器に急速に売上を伸ばし、米国における電子商取引（以下EC）の売上の半分近くを占めるまでに成長している。同社の事業拡大はとどまる所を知らず、あらゆる産業を飲み込むとの懸念が高まっている。同社の参入によって既存企業の業績が悪化する「Amazon Effect（アマゾン効果）」といった言葉もメディアを賑わしている。

　不動産業ではデジタル化が遅れていることもあり、まだプラットフォーマーの脅威は顕在化していない。しかし、不動産業にも、技術革新による付加価値創造を目指す「不動産テック」の波が押し寄せてきている。不動

図表1 世界の上場企業の時価総額ランキング

(単位：億ドル)

	会社名	時価総額
1	Apple Inc.	8,609
2	Alphabet Inc.	7,293
3	Microsoft Corporation	6,599
4	Amazon.com, Inc.	5,635
5	Facebook Inc.	5,150
6	Tencent Holding	4,937
7	Berkshire Hathaway Inc.	4,892
8	Alibaba Group Holding Ltd.	4,416
9	Johnson & Johnson	3,754
10	JPMorgan Chase & Co.	3,711

（注）2017年12月末時点。網掛けの企業がプラットフォーマー
（出所）Bloombergのデータをもとにニッセイ基礎研究所作成

産テック企業の多くは、2000年代後半以降に設立され、最近ではプラットフォーマーと見做される企業も現れ始めた。その中でも注目を集めている企業が、米コワーキングスペース大手のWeWork Companies, Inc.（以下WeWork）である。

　プラットフォーマーが多くの産業に破壊的イノベーションをもたらしたように、WeWorkも不動産業を変革するのだろうか。また変革をもたらすとすれば、不動産業をどのように変えるのだろうか。まだWeWorkの歴史は浅く、その情報も限られる。そこで本稿では、Amazonを参考にプラットフォーマーの特徴や既存業界への影響などを整理した上で、WeWorkのビジネスモデルや不動産業界にもたらす影響を考察する。

2　プラットフォーマーの特徴と影響

（1）プラットフォームとは：プラットフォーマーへと進化を遂げた Amazon

プラットフォームとは、「異なる2種類以上のユーザー・グループを結びつけ、一つのネットワークを構築するようなサービスで、ユーザー・グループ間の取引を促すインフラとツールを提供するもの[1]」である。「プラットフォーム＝IT」といった印象を持つことが多いが、プラットフォームというビジネスは何もITに限ったものではない。不動産業でも、不動産仲介業は売主（貸主）と買主（借主）を結びつけるプラットフォームであり、ショッピングモールなどの商業施設はテナントと消費者を結びつけるプラットフォームである。

しかし、近年注目を集めるプラットフォームの多くはIT産業で誕生している。従来の産業ではプラットフォームを構築・拡大するのに、多くの資金と時間を要したが、IT産業では物理的なインフラを構築する必要性が少ないため、プラットフォームの規模を低コストかつ短期間で拡大することができる。また、ITを活用すれば、プラットフォームのデータを低コストで収集・分析することができるため、データをもとにプラットフォームの利用価値を高めることもできる。そのため、「プラットフォーマー」という用語も、一般的にはプラットフォームを提供するIT企業のことを指す。

Amazonは1995年に米国で、CEOのジェフリー・プレストン・ベゾス氏が設立した。同社はECでの書籍販売から事業を開始したが、徐々に取扱商品を拡大し、現在は数億種の商品を取り扱うと言われる。また、事業領域も拡大しており、現在ではECストアに加え、電子書籍デバイスであるKindleやAIスピーカーのAmazon Echoなどの開発・提供、クラウドサービ

---

1)　Eisenmann, Parker and Alstyne（2006）を参照。プラットフォームという言葉には様々な定義があり、本稿では多面的プラットフォーム（Multisided Platform）をプラットフォームとした。他の定義などは、Hagiu and Wright（2015）や加藤（2016）に詳しい。

スであるAmazon Web Service（以下AWS）など、幅広いビジネスを展開している。さらに米国をはじめ欧州や日本など14カ国で事業を展開するなど、世界各国に進出している。

　設立当初のAmazonはプラットフォーマーではなかった。同社のECサイトで、他社は商品を販売することができず、同社のみが販売を行うインターネット上の小売企業でしかなかったためである。しかし、カスタマーレビューやマーケットプレイスなどのサービスを開始することで、プラットフォーマーへと進化を遂げている。

　カスタマーレビューとは、消費者が商品の情報や感想を投稿し、他の消費者が参考にできるというものだ。これまで書籍の紹介は出版社や書店が行ってきたが、Amazonは消費者が自由に書籍の感想や評価を共有することを可能にした。これは双方向性と匿名性があるインターネットだからこそ実現できた機能である。同機能は、レビューの書き手と読み手という2つのユーザー・グループを結びつけるプラットフォームだと言える。

　またマーケットプレイスとは、米国では2000年、日本では2002年から開始したサービスで、第三者がAmazonのサイトに新品や中古の商品を出品できるようにしたものだ。これは、商品を出品する販売者と消費者という2つのユーザー・グループを結びつけるプラットフォームである。

（2）プラットフォームの経済性：経済性に裏打ちされたAmazonのビジネスモデル

　Amazonの売上高は指数関数的に増加しており、2016年には1,360億ドルに達している（図表2）。一方、同年の営業利益率は＋3.1％と低い水準に抑え込まれている。これは総じて高い利益率を上げる他のプラットフォーマーと比較して極めて特徴的であり、同社のビジネスモデルに起因しているものだ。

　Amazonのビジネスモデルは、創業時にベゾス氏が紙ナプキンに書いたとされ、創業から20年たった現在も本質は変わっていない（図表3）。品揃えが豊富で選択肢が多く、安く商品を購入できれば、顧客満足度が上がる。また顧客満足度が高ければ、Amazonで購入する消費者が増える。消費者

図表2　Amazonの売上高と営業利益率の推移

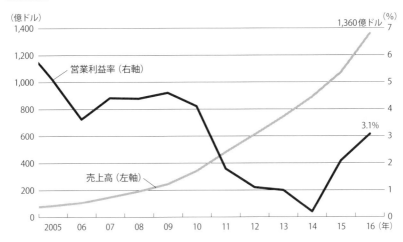

(出所) Amazon.com「ANNUAL REPORT」のデータをもとにニッセイ基礎研究所作成

が多く集まれば、多くの商品が売れるため、販売者が増える。これにより品揃えがさらに充実し、顧客満足度がさらに高まる。また同社の売上が大きくなれば、コストを削減することができる。それにより価格をさらに下げることができ、顧客満足度を高めることができる。つまり、品揃え、低価格により顧客満足度を高めることが、ビジネスの好循環をもたらすのだ。同社は、このビジネスサイクルを早く回転させるため、収益の多くを商品の値下げや物流などへの投資に充ててきた。そしてそれが、ECプラットフォームというバーチャル空間での競争力と高度な物流網というリアル空間での競争力を高めた。このリアルとバーチャルの双方に強みを持つというのが、Amazonの特筆すべき点であり、同社の競争力の源泉である。また、同社の低利益率は市場全体の収益性を押し下げ、結果として新規参入を阻む効果もあった。

　このAmazonのビジネスモデルでは、ネットワーク効果、規模の経済性、範囲の経済性といった経済性が働いている。これらはプラットフォーム特有の経済性ではないが、プラットフォームを理解する上で、いずれも重要な概念である。

図表3　Amazonのビジネスモデル（ベゾスの紙ナプキン）

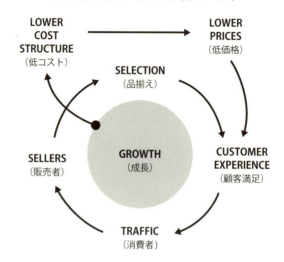

（出所）Amazon.co.jpを参考にニッセイ基礎研究所作成

①ネットワーク効果

　ネットワーク効果とは、ユーザーが増えれば増えるほど、ユーザーの効用が高まる効果を意味し、プラットフォームにとって最も重要な経済性の概念である。またネットワーク効果には、直接ネットワーク効果（ユーザー・グループ内のサイド内ネットワーク効果）と間接ネットワーク効果（ユーザー・グループ間のサイド間ネットワーク効果）がある。

　直接ネットワーク効果は、ある立場のユーザーが増加することで、同一の立場の他のユーザーの効用が向上する効果である。直接ネットワーク効果の例として挙げられることが多いのが、電話やSNSだ。これらは加入者が少ないと利用価値が小さいが、加入者が増えれば増えるほど利便性が増し、利用価値が高まる。

　間接ネットワーク効果は、ある立場のユーザーが増加することで、別の立場のユーザーの効用が高まる効果である。これはAmazonのビジネスモデルにおける販売者と消費者の好循環を説明する経済性だ。またカスタマーレビューでも間接ネットワーク効果は働く。レビューの書き手が多い

ほど、多くの商品のレビューが集まり、またレビューの信頼性が高まるため、読み手の利便性が高まる。また読み手が多いほど、書き手のインセンティブが大きくなり、さらに書き手を呼び込むという好循環をもたらす。カスタマーレビューは、今では業界標準となり、多くのECサイトで導入されている。しかし、最もレビュー数の多いAmazonの利便性が最も高く、それがさらにレビュー数を集める要因となるため、競合他社がAmazonに追いつくことは容易ではない。

②規模の経済性

規模の経済性とは、事業規模が拡大するほど、投入量1単位に対する生産量が増大し、生産性が高まる効果を言う。Amazonのビジネスモデルでは、事業規模の成長によるコスト低下が、規模の経済で説明できる。

Amazonで規模の経済性を最も発揮しているのが物流だ[2]。多くのEC事業者が物流のアウトソースを志向する中、Amazonは自前の物流網の整備に多額の投資を行ってきた。同社の最先端のハードとソフトを兼ね備えた物流施設はフルフィルメントセンターと呼ばれ、全国に展開することで、当日配送などの配送スピードと低価格の両立を可能にしている。また同社は物流網を活用して、マーケットプレイスを利用する販売者の物流を代行するFulfillment by Amazon（以下FBA）というサービスを提供している。FBAは商品の保管から注文処理・出荷・配送・返品に関するカスタマーサービスなどを提供するものだ。これにより、販売者の負担を軽減するとともに、物流品質を高水準に保ち、低コストでの配送を可能にしている。同社は20年近い歳月と多くの資金・人材を投入して、最先端の物流網を構築した。高度な物流網は参入障壁が高く、同社の物流網は他社が容易に追いつけないレベルに達しているため、競合する上で大きな強みとなっている。

なおネットワーク効果も、規模の経済性も、スケール・メリットであるため、混同されることが多い。しかし、ネットワーク効果は規模の拡大に

---

2) 販売数量増加による仕入単価の低減も、Amazonが享受する規模の経済性の一種である。

よりユーザーの効用が高まるという外部性を表す「消費者サイドのスケール・メリット」であり、規模の経済性は規模の拡大により生産者の効率性が高まる「生産者サイドのメリット」であるため、異なる概念である。

③範囲の経済性

範囲の経済性は、企業が多角化することで、企業の内部資源を複数の生産活動に活用することが可能となり、コストが削減される効果である。これもAmazonのビジネスモデルにおける、事業の成長（事業範囲の拡大）によるコスト低下を補足する概念だ。Amazonでは、書籍からエブリシング・ストアへ進化を遂げるなど商品の多角化に加え、Kindleなどのデバイス開発やクラウドサービスであるAWS、AIアシスタントのAlexaの開発、決済事業であるAmazon Payなど事業の多角化を進めることで、範囲の経済性が発揮されている。

（3）プラットフォームとビッグデータ：Amazonに蓄積される膨大なデータ

プラットフォームの経済性が発揮され、多数のユーザーがプラットフォームに集まるようになると、大量のデータが蓄積されるようになる。プラットフォーマーは、それらのデータを活用してビジネスを最適化することが可能となる。中国EC大手アリババグループ会長のジャック・マー氏が「データは新しい石油になる[3]」と表現したように、データは現代のビジネス環境において必要不可欠な存在だ。また、データはそのままでは使えないという点も石油と同じである。石油が精製・加工されることで利用可能になるのと同様に、データも選別や分析などの処理をすることではじめて現実世界で役に立つようになる。

AmazonはECを通じて、膨大な顧客データを蓄積し、活用してきた。例えば、同社のECサイトには「この商品を買った人はこんな商品も買っています」といった、おすすめ機能がある。同機能は、協調フィルタリングと

3）　日本経済新聞（2017）参照。

いうアルゴリズムを使っている。協調フィルタリングは、購買履歴などの大量のデータから似ている顧客をセグメント化し、セグメント内の顧客が購入した商品をおすすめするというものである。

　これまでリアルの商業店舗も、クレジットカードやPOSなどのデータをもとに、顧客をセグメント化してマーケティングを行ってきた。しかし、マクロデータなどをもとに、居住地域や年齢、所得など、顧客の属性からニーズを推測するというものが一般的だった。ECではこれらのデータに加え、ECサイト内での行動など、個々人のミクロデータを用いて顧客行動を分析できる。これにより、顧客のセグメントを1人単位にまで落とし込み、個々人の特性やニーズを反映したマーケティングが可能になったのだ。またAmazonではさらにセグメントを細分化し、個々人のニーズが状況や時間によって変化することに焦点をあて、リアルタイムのニーズを把握する0.1人単位のセグメンテーションにも対応できるようになってきている[4]。これまで小売業者が顧客一人ひとりを理解することは困難だったが、ECでは個々人の刻一刻と変化するニーズまでも把握することが可能になるかもしれないのだ。

　また同社は顧客のニーズだけでなく、市場動向を分析する上でもプラットフォームで収集したデータを利用している。同社は、ECプラットフォームの運営者であると同時に、販売者でもある。そのため、マーケットプレイスでの第三者の販売動向などを見ながら、同社の販売戦略を構築し、また新商品を開発することも可能である。規模や資本力でAmazonに勝る販売者は少なく、同一または同機能の商品を同社以上に低価格で販売することができる小売業者も限られるため、Amazonは他社の販売動向などを知ることで、同社のシェアをさらに拡大し、収益を拡大することができるのである[5]。

　Amazonはこれまで主にオンラインのデータを蓄積してきたが、米自然食品スーパー Whole Foods Marketの買収やAmazon Books、Amazon Goと

---

4)　Weigend（2017）参照。
5)　Stone（2013）、田中（2017）参照。

いったリアル店舗の出店、AIスピーカーなどの事業に進出することでオフラインのデータの収集も拡大している。今後、オンラインで培ったデータ分析能力をオフラインにも活用していくことで、消費行動の一層の把握が可能となり、同社の優位性がさらに高まる可能性がある。

(4) プラットフォーマー台頭の背景：産業構造のレイヤー化が育んだプラットフォーマー

プラットフォーマーが台頭している背景には、産業構造の変化が進展したことがある。近年、様々な産業にデジタル化の波が押し寄せたことで、産業のモジュール化が進んでいる。産業のモジュール化[6]とは、「産業内の独立に活動する各ビジネス要素を適宜合成してビジネスを行うことができるようになること[7]」を意味する。そして産業がモジュール化し、製品やサービスがビジネス要素ごとに分解されることで、産業構造が従来の「バリューチェーン型」から「レイヤー型」へシフトしている。

バリューチェーン型とは、製造業などで見られる産業構造の枠組みで、川上企業から川下企業に沿ってプロセスが進むことで製品やサービスが完成し、最終的に川下企業から消費者が購入するというものである（図表4）。

一方、レイヤー型とは、通信やIT産業などに見られる産業構造の枠組み

図表4　バリューチェーン構造のイメージ

(出所) 根来・藤巻 (2013) を参考にニッセイ基礎研究所作成

---

[6] Baldwin and Clark (2000) によれば、モジュールとは、「それぞれ独立に設計可能で，かつ，全体として統一的に機能するより小さなサブシステムによって複雑な製品や業務プロセスを構築すること」を意味する。
[7] 根来・藤巻 (2013) 参照。

図表5 レイヤー構造のイメージ

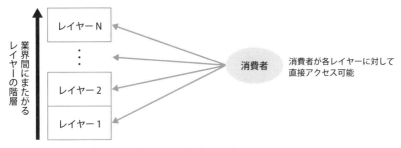

（出所）根来・藤巻（2013）を参考にニッセイ基礎研究所作成

図表6 バリューチェーン構造とレイヤー構造の関係のイメージ

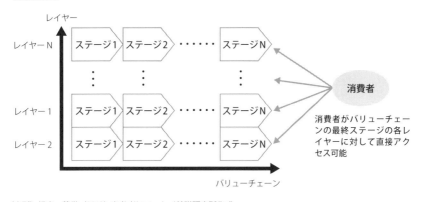

（出所）根来・藤巻（2013）を参考にニッセイ基礎研究所作成

で、産業間にまたがる機能や要素であるレイヤーが積み重なり、産業が構成されることを指す。レイヤー型では、消費者は各レイヤーの製品やサービスを直接選択することが可能である（図表5）。

ただし、レイヤー化が進むことで、バリューチェーンがなくなるわけではない。バリューチェーンの特定のステージの役割が縮小もしくはなくなることはあるが、それぞれのステージがレイヤー化していき、実際は双方の構造が併存することになる（図表6）。

図表7　出版業界のバリューチェーン構造のイメージ

(出所) 根来・藤巻 (2013) を参考にニッセイ基礎研究所作成

図表8　出版業界のバリューチェーン構造のイメージ

(出所) 根来・藤巻 (2013) を参考にニッセイ基礎研究所作成

　レイヤー化された産業では、消費者が幅広い製品やサービスから直接選択する必要があるため、それを助けるプラットフォームの有用性が高まった。またそれと同時に、プラットフォームが拡大することで取引コストが低下し、産業のモジュール化、レイヤー化をさらに進めたという面もある。
　Amazonは電子書籍のコンテンツ・プラットフォームを構築し、シェアを拡大することで、出版業界のレイヤー化を進めている。従来、出版業界は著作者・出版社・取次・書店・読者といったバリューチェーン型の産業構造だったが（図表7）、電子書籍プラットフォームは通信ネットワーク、OS、ハード、コンテンツ・プラットフォームのKindle Store、コンテンツの電子書籍といったレイヤー型である（図表8）。

（5）バリューチェーンの中抜き：拡大し続けるプラットフォーマー
による市場独占

　産業構造がレイヤー化すると、プラットフォームの重要性が高まり、既存業態の役割が縮小する。そして、バリューチェーンの中抜きが進み、産業内でのパワーバランスが変化する。例えば、電子書籍では、コンテンツ・プラットフォームであるAmazonが、読者と出版社を直接結びつける役割を果たすため、バリューチェーン上の書店や取次の役割が縮小する。また著作者が出版社を介さずに電子書籍を出版することが可能なKindleダイレクト・パブリッシングでは、出版社の役割が小さくなる。これによりコストが低下し参入障壁が下がる一方、産業内の収益配分も変化する。例えば、従来の米国の出版業界における収益配分は、著者15％、出版社30％、取次15％、書店40％といった割合が一般的だった。一方、電子書籍では、著者8％、出版社32％、プラットフォーマー60％となり、さらにダイレクト・パブリッシングでは著者70％、プラットフォーマー30％となっているとの調査もある[8]。このようにプラットフォームは、バリューチェーンの中抜きを進め、産業内の収益配分を一変させ得る。

　またプラットフォームでは、ネットワーク効果、規模の経済性などの経済性が発揮されるため、事業規模拡大により、収穫逓増となる[9]。そのため、プラットフォーム間でも淘汰が進み、競争に勝ったプラットフォーマーが市場を独占（一人勝ち、Winner Takes All）することになる。生き残りをかけたプラットフォーム間の競争は熾烈を極め、優位に立ったプラットフォーマーは、研究開発や低価格戦略により、競合を駆逐していく。Amazonは、値下げや買収攻勢によりシェアを拡大し、現在では米国のEC売上高の半分近くを占めるまでになっている。

　またプラットフォーマーは、独占した市場での収益を活用して、新たな市場への進出を図ることが多い。新規参入する市場は、同産業内の別のレ

---

8) OECD（2012）参照。ここでの数値は収益配分の割合を示しており、収益の金額を表してい
るわけではないことに留意。

9) Ethernetの共同開発者であるロバート・メトカーフは、「ネットワークの価値は、それに接
続する端末や利用者の数の二乗に比例する」と主張している（メトカーフの法則）

イヤーや別の産業の同様のレイヤーであることが一般的だ。これは市場が異なっても、ユーザー基盤が重複し、多くの技術も転用できるためである。「Amazon Effect」という言葉が、小売業だけでなく、他の産業や政府にとっての脅威も表すようになっているのは、このようにしてプラットフォーマーが様々な市場を飲み込み、拡大し続けているからである。

（6）プラットフォームにおける戦略的論点：プライシング戦略とオープン・クローズド戦略

プラットフォームは一人勝ちになる傾向が強いものの、そこに至るまでの競争は激しく、プラットフォーマーとしての立ち位置を確立するのは容易ではない。その過程で重要なのが、プライシング戦略とオープン・クローズド戦略である。

①プライシング戦略

プラットフォームには、複数の立場のユーザーが参加し、各ユーザー・グループから収入を得ることが可能である。そのため、ユーザー・グループの特性やプラットフォーム上の位置付けなどを考慮して価格を設定することが重要になる。多くのプラットフォームでは、あるユーザー・グループを収益源とする課金サイドとし、もう一方を収益源となるユーザー・グループを呼び寄せるために優遇する補完サイドと位置付けている。またその際は、価格志向や品質志向の高いユーザーを優遇し、補完サイドとすることの重要性などが指摘されている[10]（図表9）。

この戦略的位置付けは、「ニワトリが先か、卵が先か」というチキン・エッグ問題とも密接に関係する。これは、プラットフォームの初期段階において、課金サイドのユーザーが少ないために補完サイドが集まらず、また同様に補完サイドのユーザーが少ないために課金サイドが集まらなくなり、両者の相互作用によりプラットフォームの普及が拡大しない、という問題を意味する。ネットワーク効果が発揮されるためには、一定数以上（ク

---

10) Eisenmann, Parker and Alystyne (2006) 参照。

図表9 主なプラットフォームのプライシング戦略の例

プラットフォーム	課金サイド	補完サイド
ECサイト	販売者	消費者
SNS	広告主	SNS利用者
検索エンジン	広告主	検索者
求職サイト	雇用主	求職者
ショッピングセンター	小売店	来店者
クレジットカード	小売業者	カード利用者
不動産情報サイト	不動産会社	サイト利用者

（出所）Evans and Schmalensee（2016）を参考にニッセイ基礎研究所作成

リティカル・マス）のユーザーがプラットフォームに参加する必要があるため、チキン・エッグ問題の克服が、多くのプラットフォームにとって課題となる。

　Amazonのマーケットプレイスでは、販売者が課金サイドで、定額の月額料金と従量制の販売手数料を支払う。一方、消費者が無料でプラットフォームを利用できる補完サイドとなる。また当初は自社のみが販売者となり、低価格戦略などによりECサイトのユーザー数を一定以上まで成長させてから、マーケットプレイスというプラットフォームビジネスを展開している。ただし、その後アマゾン・プライム[11]を導入するなど、消費者にも課金するサービスを拡大しており、同社のプライシング戦略はさらに複雑化している。

②レイヤーのオープン・クローズド戦略

　プラットフォームにおいてはユーザー数がその競争力を左右するため、どれだけ早く、多くのユーザー数を獲得するかが肝要だ。その際に重要に

11）　日本での同サービスは、2007年に開始され、当初は年会費3,900円で通常より配送スピードの早いお急ぎ便を無料で使えるというものだった。その後は、映像・音楽の見放題・聞き放題サービスやクラウド上のフォトストレージサービスなど、様々な特典を追加しており、プライシングという観点では複雑さが増している。

第5章　プラットフォーマーが不動産業にもたらす変革

なるのが、どのレイヤーをオープンにして、他社を補完プレイヤーとして受け入れるかである。全てを自社で賄ったほうが収益は大きくなるが、他社の協力を仰ぐことで事業の拡大スピードを加速することができる。ただし、同時にどのレイヤーをクローズにして、競争力や収益力を確保するかという点も重要だ。AmazonのKindle Storeで購入した電子書籍は、Amazonの電子書籍端末であるKindleの他にも、他社製のパソコンやタブレット端末、スマートフォンなどのアプリで読むことができる。これは、電子書籍のレイヤーにおいて、通信ネットワーク、OS、ハードをオープンにしていることを意味する。これは、Kindle Storeというコンテンツ・プラットフォームを同社の収益源としているためだ。ハードなどの収益を独占するより、Kindle以外の端末でもアプリをダウンロードすることで閲覧できるようオープンにすることで、他の端末プロバイダーも巻き込み、ユーザー数拡大を加速させることを重視しているのだ。またレイヤーを補完するプレイヤーに加え、複数のユーザー・グループがプラットフォームに参加するようインセンティブをコントロールする必要もある。

図表10　エコシステムのイメージ

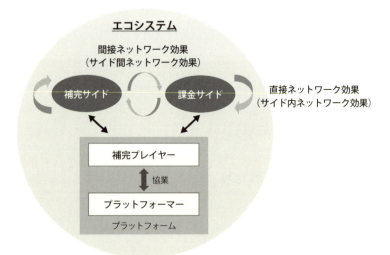

（出所）ニッセイ基礎研究所作成

このようにプラットフォーマーは、プラットフォームを中心とした補完プレイヤーやユーザー・グループのネットワークをエコシステム[12] として形成し、マネージしていくことが求められる。レイヤーをオープンにして補完プレイヤーと協業するには、その品質をコントロールしていくことも求められる。エコシステムが成長し、ネットワーク効果の好循環を生み出すことができれば、プラットフォームの優位性を強固にできる（図表10）。

3　WeWorkのビジネスモデルと不動産業への影響

(1) WeWorkの概要

WeWorkは2010年に米国で、CEOのアダム・ニューマン氏とCCO[13] のミゲル・マッケルビー氏らによって設立された。「ただ生きるためではなく、豊かな人生を送るために働ける世界を創造する」という企業理念を掲げるコワーキングスペース大手である。コワーキングスペースというと、オープンスペースを思い浮かべることも多いが、実際は同社のコワーキングスペースの10％がオープンスペースで、90％は壁に囲まれて施錠可能なプライベートオフィスである[14]。

当初、コワーキングスペースのメンバーの多くはスタートアップやフリーランスだったが、近年は法人メンバーとしてMicrosoftやGE、HSBC、KDDI、みずほ証券、日本経済新聞社が契約するなど、大企業のメンバーが増加している[15]。社員1,000人以上の法人メンバーは前年から倍増しており、売上の25％を占めるに至っている[16]。

また同社は急速に事業を拡大しており、現在は20カ国64都市の200拠

---

12)　加藤（2016）によれば、エコシステムとは、「ビジネスにおいて「産業生態系」の意味で用いられる。具体的には、コアとなるプラットフォーム製品提供者とその補完業者、そしてユーザーが結び付き、共に成長していく一つのシステム」を表す。

13)　Chief Creative Officer（最高クリエイティブ責任者）

14)　Loizos and Neumann（2017）参照。

15)　津山（2017a）参照。

16)　Molla（2017）参照。

第5章　プラットフォーマーが不動産業にもたらす変革　　97

点で、17万人以上が利用している[17]。日本においても、2017年7月にソフトバンクグループと折半で合弁会社WeWork Japanを設立しており、2018年から事業展開を本格化する。六本木、銀座、新橋、丸の内の4拠点の開設が予定[18]されており、それ以外にも2018年中に複数の拠点を開設する方針だ。

（2）WeWorkの新規性：プラットフォーマーWeWorkがもたらしたコワーキングスペースの進化

WeWorkは、一見すると「ただのコワーキングスペース」に過ぎない。すでに欧米のみならず日本でも多くのコワーキングスペースが営業しており[19]、コワーキングスペースという業態に目新しさはない。同社の新規性は、コワーキングスペースにコミュニティや企業向けサービスのプラットフォームを追加し、データを活用することでオフィス環境の変革に取り組んでいる点にある。

①コワーキングスペースをコミュニティ・プラットフォーム化

WeWorkはコワーキングスペースのメンバー同士を結びつけるコミュニティ・プラットフォームを構築することで、コワーキングスペースにプラットフォームという要素を追加した。同社では、コワーキングスペース内のコミュニティを醸成するため、コミュニティ・マネージャーと呼ばれる職員を各施設に配置している。コミュニティ・マネージャーは、メンバーからの相談に乗ったりする他、メンバーがつながりやすいようにイベントを開催したり、メンバー間の出会いを積極的に仲介する役割を担っている。また、コミュニティの構築や円滑なコミュニケーションが図れるようにSNS機能を持つメンバー用のアプリも開発している。なお同アプリでは、メンバーが滞在する施設だけでなく世界中のメンバーとつながることができる。

---

17) WeWorkパンフレット参照（2017年12月時点）。
18) WeWork HP参照（2017年12月末時点）。
19) Instant Group (2017) によれば、2016年時点で東京にはコワーキングスペース・サービスオフィスは218拠点ある。

図表11　WeWorkのレイヤーのイメージ

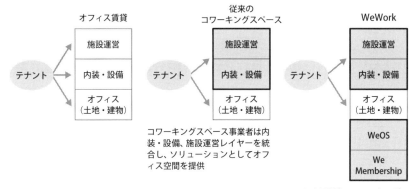

（出所）ニッセイ基礎研究所作成

　このアプリのベースとなっているのが、WeOSという自社システムで、SNSのようなデジタル空間だけでなく、入退室管理や会議室の予約など物理空間も制御する機能も備えており、同社のサービスの基盤となるものである。
　オフィスのレイヤー構造の観点から整理すると、従来のコワーキングスペース事業者は、内装・設備と施設運営のレイヤーを統合し、双方とも担うことで、ソリューションとしてオフィス空間をテナントに提供した。WeWorkの新規性は、このコワーキングスペースにWe Membershipというコミュニティ、WeOSといったOSレイヤーを追加したことだ（図表11）。
　同社のコミュニティ・プラットフォームは、ネットワーキングだけでなく、アウトソーシングや求人、業務提携などの取引コストを下げ、メンバー間の取引を活性化する。このコミュニティがもたらしたイノベーションとして、WeWork日本代表のクリス・ヒル氏は以下の事例を紹介している。

　オランダに夫婦で花屋を営んでいるWeWorkメンバーがいた。彼らはアメリカでビジネスを展開しようと考えアメリカにやってきたが、花屋である

彼らは全米の家庭にチューリップを届ける方法を知らなかった。そこで彼らは、WeWorkのコミュニティアプリの中で自分たちがチューリップの宅配事業を展開したいことを伝え、一方でディストリビューションについての知識やアイデアが足りないので誰か助けて欲しいと呼びかけた。すると、世界中にいるWeWorkメンバーたちが彼らの呼びかけに答えた。チューリップを届けて配達依頼まで行うアプリを作ると申し出たのだ。その結果、そのオランダ人夫婦はアメリカに移住して約3ヶ月程でビジネスを作り上げることに成功した[20]。

　この事例が示しているように、同社のコミュニティ・プラットフォームは、ビジネス版のシェアリング・エコノミーを作り出し、WeWorkの中でエコシステムを作り出している。従来のコワーキングスペースでは、メンバーは消費者（コンシューマー）に過ぎなかったが、WeWorkではメンバーが生産活動を行う消費者であるプロシューマー化しているとも言える。このプラットフォームを利用することで、WeWork内で多くのビジネス課題を完結できてしまう可能性を秘めている。

　多数の大手企業がWeWorkを活用する理由も、このコミュニティに参加することだ。WeWorkのコミュニティに参加することで、「スタートアップやフリーランスのデザイナー・クリエイターとの協業機会を模索している」「最新のテックやライフスタイルのトレンドを知りたい」「イノベーションに積極的である姿勢を示したい」など[21]、大企業はオープンイノベーションの場として、WeWorkを活用しようとしている。

　またFacebookやLinkedInなどのオンラインのコミュニティ・プラットフォームが普及するにつれ、オフラインのコミュニティの重要性が再認識されている。そのため、オフラインとオンライン双方を兼ね備えたWeWorkのコミュニティ・プラットフォームに注目が集まっているのだ。同社は、シンガポールのコワーキングスペース運営会社Spacemobを買収す

---

20)　Kimura（2017）参照。
21)　Sato（2017）参照。

るなど拠点数の拡大を加速するとともに、ソーシャル・コミュニティ・プラットフォームを提供するMeetup[22]を買収するなど、コミュニティ・プラットフォームとしての攻勢を強めている。

②コワーキングスペースのサービス・プラットフォーム化

　従来のコワーキングスペースはオフィスというハードを小分けにして貸し出すというビジネスだった。WeWorkはそれに加えて、福利厚生や業務支援などのソフトについても、関連企業と提携することで、小分けにして提供している。例えば、人事管理代行大手のTriNetと提携することで、スタートアップやフリーランスが加入することが難しかった条件で健康保険に加入できる。また銀行大手JP Morgan Chaseの決済サービスや物流大手UPSの配送サービス、MicrosoftやAWSなどのソフトやクラウドを割引料金で利用できる。

　これはスタートアップやフリーランスなど小規模のメンバーにとって、従来享受することができなかった大企業並みのサービスを受けられることを意味する。それと同時に、提携企業にとっては、有望なスタートアップなどと早期からコンタクトを持ち、囲い込むことも可能になる。そのため、WeWorkは提携企業から紹介料を徴収することができ、同社の収入源を多角化することができる。

　さらに同社は2017年4月にWeWork Services Storeというサービスを開始した。WeWork Services Storeでは、100以上の企業が250以上のソフトやサービスを提供している。同Storeでは、企業の成長ステージに合わせたユースケースなども紹介され、メンバーがレビューを投稿することが可能だ。同Storeは、スマートフォンなどのアプリストアのビジネス版とも言え、企業向けのソフトやサービスの提供者とメンバーを結びつけるプラットフォームだ。これは同社の従来の福利厚生や業務支援の小分けサービスをプラットフォームへと進化させたものだとも言える。

---

22)　Meetupは現実世界でのグループ対話をやりやすくするオンラインプラットフォーム。

③データを活用したオフィスの再定義

　WeWorkは、社内に建築士やアーティスト、デザイナーなどを抱え、オフィス空間をインハウスでデザインしている。また同社では、データを活用することで、オフィスの生産性向上を重視している。メンバーのイノベーションやコラボレーションを活性化し、アウトプットを最大化することに加え、WeWorkが効率的にコワーキングスペースを構築・運営できるようにしているのだ。例えば、廊下の広さもメンバー間のコミュニケーションを活性化することを目的に設計している[23]。またゴミ箱一つにしても、拠点のメンバー数からどのくらい必要か、どのように配置すれば、利用者・運営者にとって効率的かデータをもとにデザインするなど、同社が提案する対象は細部に及ぶ。

　また同社は2015年にBIM[24]に強みを持つ建築事務所Caseを買収し、BIMをベースとした設計・施工プロセスのデジタル化に取り組んでいる。BIMを活用することで、空間効率を15〜20％改善できるとも言われている[25]。また同社はAI（人工知能）などの先端技術の活用にも積極的である。同社では、800以上の会議室の活用状況をAIによって分析し、会議室の稼働率を最適化する取り組みも進めている。また同社はAmazonが開発したAI「Alexa」をアシスタントとして活用するAlexa for Businessの最初のパートナーの一つとなっている。

　これまで不動産におけるデータ活用は、他分野と比較して遅れているとされ、オフィス空間は最大公約数的な造りとなることが多かった。同社のイノベーション・グループの責任者であるマーク・タナー氏がこのことを次のように指摘している。

　今までの会社ビルというのは、社員をビルの中に入れておくためのもの

---

23)　安部（2017）参照。
24)　BIM（Building Information Modeling）とは、「従来のような2次元の建物の図面情報だけでなく、使用材料や性能などの仕様情報も加えた3次元の建物モデルをコンピュータ上で構築し「見える化」するもの」（株式会社大林組HP参照）。
25)　Rhodes, Margaret（2016）参照。

でした。今、私たちは、*社内にいながら、どうしたら効率よく、スマートな決断を下すことができる環境を作れるかということを提案していきたいのです*[26]。

　なお同社がデータを活用できるのも、多数のコワーキングスペースを運営し、そのデータを蓄積しているからである。データの蓄積と活用がさらに進めば、今後、利用者のニーズやアクティビティに合わせて最適化された空間へと、オフィス環境が変革されていく可能性がある。IBMはWeWorkが設計・運営しているマンハッタンのオフィスを一棟借りするなど[27]、同社はコワーキングスペースで培ったノウハウを活かして、大企業に対して、ワークプレイスの設計やデザインに加え、運営までを行うサービスを提供している。WeWorkはデータを活用して、オフィスを再定義しようとしているとも言えよう。

　WeWorkの特異さは金融市場でのバリュエーションに表れている。CB Insights社の調査によれば、同社の企業価値は200億ドル（2.3兆円）とされる[28]。日本の不動産会社と比較しても、住友不動産（1.8兆円）を上回り、三菱地所（2.7兆円）、三井不動産（2.5兆円）に迫る規模である[29]。

　創業7年に過ぎないWeWorkの評価がここまで高いのは、同社がプラットフォーマーだと見做されているからだ。コワーキングスペースはビルオーナーからオフィスを借り受け、複数の個人・企業に貸し出すというビジネスで、ビルオーナーと借主を直接結びつけているわけではなく、空室リスクを負うのはコワーキングスペースの運営会社である。そのため、コワーキングスペース自体はプラットフォームではない。WeWorkはコワーキングスペースに、プラットフォームとしての機能を追加し、それが金融

26）　津山（2017b）参照。また、WeWorkでは、スマホをデスクにかざすことで、デスクの高さが自分の好みの高さに自動で調整される機能など、個々人に合わせたカスタマイズ機能を導入する取り組みも行っている。

27）　Putzier（2017）参照。

28）　CB Insights（2017）参照。

29）　Bloomberg（2017年12月末時点）

市場の高評価をもたらしている。「WeWorkは不動産業会社なのか？　それともIT企業なのか？」といった質問が投げかけられることが多いが、金融市場はIT企業として評価していると言える。

しかし、一般的なプラットフォーマーとは異なり、WeWorkはコワーキングスペースというオフラインの事業とプラットフォームというオンラインの事業を併せ持つことが特徴的で、それが同社の強みとなっている。またこれが、ECプラットフォームと物流に強みを持つAmazonと非常によく似ている点でもある。Amazonのベゾス氏は、物流の重要性を説くために、同社のECビジネスを氷山にたとえ、海面上で見える氷の塊がECプラットフォームで、海面の下に隠れている氷山の本体が同社の物流機能であると述べている[30]。このたとえに擬えるならば、WeWorkのコワーキングスペースとしての機能は氷山の一角に過ぎず、コミュニティやサービスのプラットフォームが同社のビジネスモデル上、重要な氷山の本体だと言える。

（3）WeWorkのプラットフォーム戦略の考察

WeWorkへの注目度は非常に高い。しかし、情報が限られ、事業が急拡大していることからも、その実態は明らかではない。そこで、WeWorkをプラットフォームという枠組みから分析し、同社の戦略や方向性について考察する。

①XaaS（X as a Service）プラットフォーマーを志向している可能性

WeWorkがプラットフォーマーとして台頭している理由は、他のプラットフォーマー同様、昨今の産業のデジタル化によりモジュール化、レイヤー化が進み、多様なビジネス要素をアウトソースできるようになったためである。従来は、ITのハードやソフトは自社で保有し、管理・運用することが一般的だったが、最近はAmazonのAWSなどのクラウドサービスが普及している。また、AWSのようにハードやソフトをサービスとして提供するビジネスを総称して、「XaaS（X as a Service）」と呼ばれる。

---

30)　Brandt（2011）参照。

図表12 XaaSプラットフォームとしてWeWorkのイメージ

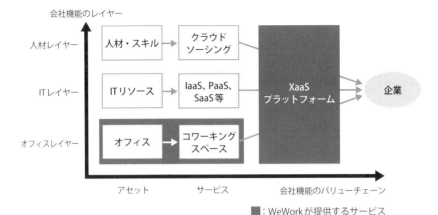

(出所) ニッセイ基礎研究所作成

　同様の視点で見ると、コワーキングスペースは、従来は自社で所有または賃貸していたオフィスを小分けにして、サービスとして提供する「Space as a Service」である。またコミュニティは、従来は自社で雇用していた人材・スキルをクラウドソーシングする「Employee (Skill) as a Service (EaaS)」だと見ることもできる。さらに同社のWeWork Services Storeで提供されるソフトやサービスは、「Infrastructure as a Service (IaaS)」や「Platform as a Service (PaaS)」「Software as a Service (SaaS)」だ。このように考えると、同社はモジュール化された会社機能をアウトソースするためのXaaSプラットフォーマーだと見做すことができる。現時点ではまだXaaSプラットフォーマーとしての規模は限られるが、同社が提供するサービスから、同社の一つの将来像として想定されるのが、メンバーとメンバー、そしてメンバーとベンダー企業を結びつけるXaaSプラットフォーマーである（図表12）。

　WeWorkはXaaSプラットフォーマーとして、様々な業務のアウトソースを容易にする可能性がある。これにより、従来ほど資産を保有し、人材を雇用する必要がなくなる。これは小規模の企業も大企業と同様のコスト構造を持てることを意味し、資本力など企業規模が企業の競争力に与える影

響が小さくなる。それにより、小規模の企業が増え、プラットフォーマーのような大企業と、スタートアップやフリーランスのような小企業に、企業規模の二極化が進んでいくことが予想される。

②WeWorkのプライシング戦略

　現状、同社のプラットフォームに参加するユーザーは、コワーキングスペースのメンバーとWeWork Services Storeなどでサービスを提供するベンダーに大別できる。WeWorkは170万人を超えるユーザー数を抱え、2015年夏には黒字化していると報じられている[31]が、主な収益の内訳は明らかではない。しかし、同Storeでの収益は限定的とされ[32]、メンバーからの利用料が主な収益源であると推測される。つまり、メンバーが主要な課金サイドでサービスを提供するベンダーは補完サイドだと考えられる。

　ただし、今後も同様のプライシングを継続する保証はない。コワーキングスペースを運営する企業は世界的に増え、競争は激しくなっており、シェア獲得のため、今後攻勢を強める可能性がある。また同社のメンバー数がさらに増加していけば、同社のプラットフォームはマーケティング対象としての価値が大きくなる。そうすれば、ベンダーからの課金を増やし、メンバーの利用料を引下げるといった戦略をとることも可能である。なお、Facebookなどのオンラインのコミュニティ・プラットフォームの収益源が広告料であることを考えれば、WeWorkのコミュニティ・プラットフォームに広告主といった新しいユーザー・グループ（課金サイド）を追加することも可能だ。さらに、同社のエコシステム内での取引などに課金する方法や取引を円滑化するツールを有料で提供するなど、様々な収入が考えられる。同社のプライシング戦略は、今後のユーザー数などによって変化する可能性があり、注目される。

---

31) Weinberger (2016) 参照。
32) Crook (2017) 参照。

③WeWorkのレイヤーのオープン・クローズド戦略

同社のコミュニティ・プラットフォームでは、ネットワーク効果が働くため、メンバー数が増えるほどメンバーの効用が高まり、WeWorkの競争優位につながる。そのため、いかにしてコミュニティ・メンバーを拡大するかが重要だ。同社のコミュニティには当初、コワーキングスペースのメンバーしか参加できなかった。米国のメンバーの平均月額単価は650ドル[33]と安くないため、コワーキングスペースのニーズがない人が、コミュニティに参加するのは事実上困難であった。しかし、現在ではコワーキングスペースの利用ニーズがなくても、気軽にコミュニティに参加できるWe Membershipというプランを導入している。We Membershipは、月額45ドルでWeWorkのコミュニティに参加でき、平日デイタイムにコワーキングスペースを月1日利用または同程度のサービスを受けることができるため[34]、コミュニティ参加を主眼においたメンバーとして位置付けられているものと推察される。これは、オープン・クローズド戦略の観点では、コミュニティ・プラットフォームのレイヤーはクローズドに保ちながら、コワーキングスペースのレイヤーをオープンにすることで、プラットフォームのユー

図表13　WeWorkのレイヤー構造の変遷

実質的にコワーキングスペースの利用者のみコミュニティに参加可能

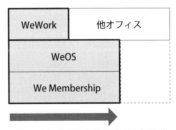
コミュニティ参加に主眼を置いたプラン導入によりコワーキングスペース未利用者もコミュニティ参加可能に

(出所) ニッセイ基礎研究所作成

33) Loizos and Neumann (2017) 参照。
34) 2017年12月末時点のWeWork HP 参照。

第5章　プラットフォーマーが不動産業にもたらす変革

ザー拡大を狙っているものだろう（図表13）。

④WeWorkの事業領域の拡大

WeWorkの事業領域はコワーキングスペースからバリューチェーンの上流や他の分野へと拡大している。同社はこれまでビルオーナーからオフィスビルを賃貸するというのが一般的だった。しかし、最近はビルを取得するというケースも出てきた。また不動産ファンドの設立の準備を進めており、オフィスの共同開発に乗り出すなど、バリューチェーンの上流に事業を拡大している。これにより不動産価格変動リスクは増加するものの、収益の拡大やコスト構造の多角化[35]に寄与することが期待される（図表14）。

またオフィスだけでなく、リアルなコミュニティが存在する分野へ新たに参入している。2016年には賃貸住宅WeLive、2017年にはフィットネスジムRiseを開設し、2018年には小学校WeGrowを開校する予定である。コ

図表14　WeWorkのバリューチェーン上の事業拡大

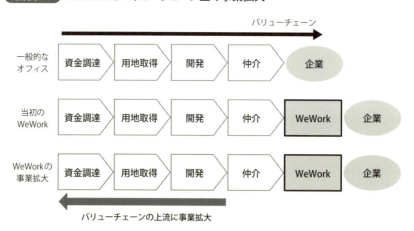

（出所）ニッセイ基礎研究所作成

---

35)　WeWorkは従来オフィスを賃貸するのが基本だったが、投資会社Rhone Capital LLCと共同で米百貨店Lord & Taylorのニューヨーク旗艦店を8億5,000万ドルで取得し、一部を本社とコワーキングスペースに利用するなど、不動産を所有することでもコスト構造を多角化している（Carmiel [2017]）。

図表15 WeWorkの新分野への拡大

2010年	2016年	2017年	2018年	???年
仕事 WeWork 200拠点	居住 WeLive 2拠点	健康 Rise 1拠点	学習 WeGrow 1拠点	???

We →

（出所）WeWork HP、パンフレットを参考にニッセイ基礎研究所作成

ミュニティは様々な場で発生するため、コミュニティを軸とした事業拡大は今後もさらに拡大する余地がある（図表15）。

　同社の新規参入分野で、コミュニティ・プラットフォームとしてすぐに収益化することは難しいだろう。しかし、それぞれのコミュニティは独立しているわけではなく、WeWorkと重なり合い補完しあう部分もある。また今後それぞれのコミュニティが拡大していけば、マーケティング対象としての価値も高く、それぞれのコミュニティでWeWork Services Storeのように、メンバーのニーズを満たすためのプラットフォームも追加できる可能性がある。

（4）WeWorkが不動産業にもたらす変革

　WeWorkは、不動産業や不動産市場にどのような影響をもたらすのだろうか。同社がプラットフォーマーとして勢力を拡大した場合を想定して、今後の可能性について考える。

①不動産業への影響

　プラットフォーマーが様々な業界に破壊的イノベーションをもたらしたことから、WeWorkが既存の不動産会社を淘汰するとの懸念がある。しかし、今のところWeWorkは、コワーキングスペース事業者を除けば既存の不動産会社と明確な競合関係にあるわけではなく、ビルオーナーにとってはむしろ優良テナントとして認識されるケースも多い。

しかし、WeWork が今後事業を拡大し、不動産の業界地図を塗り替える可能性はある。プラットフォーマーと既存の不動産会社だと収益構造が全く異なる。プラットフォーマーは、プラットフォームからも収益を得ることができ、不動産とプラットフォーム間にシナジー効果があれば、プラットフォームの収益をもとに不動産のプライシングを柔軟に設定、つまり安くすることができる。このプライシング戦略を武器にプラットフォーマーが勢力を拡大していく可能性がある。また、WeWork がさらに拡大した場合、従来の情報ハブとしての機能が不動産仲介会社から WeWork に移行していく可能性がある。さらに、WeWork がバリューチェーン上流での事業を拡大すれば、デベロッパーや管理会社などのシェアを侵食していく可能性もある。その際、データを蓄積し、不動産とは別の収益源を有するプラットフォーマーに既存の不動産会社がいかに対峙していくかが試されるであろう。

　不動産業でもデジタル化が進み、プラットフォーマーの事業が拡大すれば、不動産業のモジュール化やサービス化が進むことが予想される。これまでコワーキングスペースは、小口化して転貸する不動産賃貸業の色彩が強かったが、WeWork が提供するのが「Space as a Service」であるように、むしろ不動産サービス業と呼ぶべきものである。同社はコミュニティなどの機能を追加したが、コミュニティを育むためにオフラインとオンライン双方のツールを総動員している。不動産業のサービス化により、不動産の立地や建物などオフィスビルの実力だけでなく、施設の運営・管理能力などを含めた総合力が問われることになる。これは様々な不動産が、施設の運営の成果次第で収益が変動するオペレーショナル・アセットになることを意味する。

　またプラットフォーマーはネットワーク効果により収穫逓増となるため、一人勝ちの状態となり、高い収益をあげるのが一般的だ。その収益を原資に隣接する市場に参入し、巨大化していく。これは WeWork がオフィス以外の分野でシェアを拡大していく可能性も示しているが、異なる業界のプラットフォーマーが不動産業界に新規参入して破壊的イノベーションを起こす可能性があることも意味している。中国の金融業界では、アリババや

テンセントなどのIT企業が変革をもたらしており、従来型の銀行をしのぐ勢いで拡大している。同様のことが不動産業界でも起きる可能性がある。

②不動産市場への影響

WeWorkが勢力を拡大することで、オフィス需要に量的・質的な影響を及ぼすと考えられる。

量的な影響としては、AmazonのAWSを活用することで市場全体が効率化し、サーバー需要が減少するのと同様に、企業によるオフィス需要が中長期的に減少する可能性が高いだろう。もちろんコワーキングスペースの普及は、マイナスの影響だけを持つわけではない。例えば、自宅などで仕事をしていたスタートアップやフリーランスがコワーキングスペースを活用することで、オフィス需要が増加する影響もある。しかし、大企業を含め、これまでオフィスを所有もしくは賃貸していた企業がコワーキングスペースを活用するケースが増えており、その影響が上回ると考えられる。WeWorkが日本で2018年に開設する3拠点[36]の1メンバーあたりのオフィス面積は1.45坪[37]であり、東京23区の平均的な1人あたりオフィス面積は3.81坪[38]の4割弱に過ぎない。

質的な影響としては、Aクラスビルと呼ばれるようなプライムビルの需要が相対的に増加すると考える。Amazon Web Services, Inc. CEOのアンディー・ジャシー氏がAWSについて、「世界的大企業と同じインフラストラクチャーを寮に住む大学生が使える世界を考えたのです[39]」と述べたように、コワーキングスペースはスタートアップやフリーランス、中小企業が大企業と同等のオフィス環境を享受することを可能にする。WeWorkは2018年にGinza Sixに拠点を開くが、従来であれば、資本力のない企業が同様のプライムビルにオフィスを構えることはできなかった。これまでプ

---

36) WeWork ArkHills、WeWork Ginza Six、WeWork Shinbashi。
37) 日経不動産マーケット情報（2017）をもとにニッセイ基礎研究所試算。この面積は、米国でのWeWorkの平均と同等である（Loizos and Neumann [2017]）。
38) ザイマックス不動産総合研究所（2017）参照。
39) Stone（2013）参照。

ライムビルの借り手の多くは大企業だったが、今後はコワーキングスペースによって小口化されることで、中小企業のオフィス需要もプライムビルに向かうようになる。そのため、従来は小規模ビルなどに入居していた企業のオフィス需要がプライムビルに移る可能性がある。

　また、現在、WeWorkはコワーキングスペースのメンバーを主な課金サイドとしているが、プラットフォームの規模がさらに拡大していけば、プラットフォームに参加する他のユーザー・グループからの収益を拡大していくことが可能となる。WeWorkのビジネスモデルでは、メンバー数を拡大することが重要である。そのため、AmazonがECプラットフォームの収益をもとに配送コストを無料にしたのと同様に、プラットフォームから得た収益を活用して、メンバーへのプライシングを引き下げてくる可能性がある。その場合は、よりグレードの高いオフィスビルを現在同様の料金で提供することも、現在同様のオフィスビルをより低い料金で提供することも可能になるだろう。前者はプライムビルの賃貸需要を高め、後者は賃料の低いオフィスビルの賃貸需要を押し下げるが、いずれにせよ、プライムビルの需要が相対的に大きくなるという点に変わりない。

　以上を総合すると、WeWorkの事業が拡大した場合、全体としてはオフィス市況に対して下押し圧力となり、また加えて、プライムビルの相対的優位性がより高まる可能性がある。

4　おわりに

　WeWorkの2017年の売上高は10億ドルに達しており、現在は収益の多くを投資に回しているが、40％の営業利益率をあげるだけの収益力があるという[40]。コワーキングスペースは、IT企業のように利益率が高いわけではなく、また容易にスケールできるわけでもないとされてきた。コワーキングスペース最大手のリージャスは120カ国約900都市で約3,000カ所の拠

---

40)　Loizos and Neumann（2017）参照。

点を運営し230万人もの会員数を抱えるが、時価総額は23億ポンド[41]（3,600億円）に過ぎない。そのため、WeWorkへの金融市場の評価は高すぎるとの批判もある[42]。

　特に今後、景気後退を迎えた際の持続可能性に疑問を呈する声は多い。コワーキングスペースは基本的には、長期で借りて短期で貸し出すビジネスモデルで、空室リスクがビルオーナーからコワーキングスペース事業者に移転される。実際、リージャスはITバブルの崩壊で大きな打撃を被った。WeWorkの売上に占める大企業の比率は高まっているものの、資本力に劣り、事業安定性が乏しい事業規模の小さいメンバーが主要な顧客基盤で、景気後退に対して脆弱なことは否めない。同社の持続可能性を高めるためにも、今後は収益源の多角化やプラットフォームとしての競争力が高まることが期待される。

　WeWorkへの懐疑的な見方はあるものの、同社のプラットフォーマーとしての進化は始まったばかりで、その実力は未知数だ。現段階で過小評価はすべきでない。WeWorkは不動産業界に新しい風を吹き込み、不動産業というビジネスを問い直すきっかけをもたらした。WeWorkの最大のイノベーションは、オフィスを「ただの空間」としてではなく、「様々なニーズを満たすための空間」として提供した点にある。それにより、オフィスに新しいレイヤーを追加し、プラットフォーム化することを可能にした。またプラットフォーム化することで、大量のデータの蓄積が可能となった。これが、快適に働けるワークプレイスの提案につながり、同社の事業拡大の原動力となっている。同社がもたらしたイノベーションは、人口減少などにより先細りが懸念される日本の不動産業にとって、ビジネスモデルを問い直す上で有益な視座を提供している。

41）　リージャスの持ち株会社であるIWG plcの2017年12月末時点時価の総額（出所：Bloomberg）。
42）　Gelles（2015）、Sidders and Turner（2017）参照。

［参考文献］

安部かすみ (2017),「世界を席巻中のコワーキングスペース「WeWork」がいよいよ日本にも上陸か？ 2兆円企業のNY本社を見学してきた」, lifehacker, 2017年5月15日, https://www.lifehacker.jp/2017/05/170515_wework_ny.html.

雨宮寛二 (2012),『アップル、アマゾン、グーグルの競争戦略』, NTT出版.

株式会社大林組, https://www.obayashi.co.jp/service_and_technology/pickup014 (2017年12月末時点)

加藤和彦 (2016),『IoT時代のプラットフォーム競争戦略』, 中央経済社.

ザイマックス不動産総合研究所 (2017),「1人あたりオフィス面積調査 (2017年)」, 2017年10月18日, https://soken.xymax.co.jp/2017/10/18/1710-office_space_per_person_2017/.

総務省 (2015),『平成27年版 情報通信白書』, http://www.soumu.go.jp/johotsusintokei/whitepaper/h27.html.

滝川麻衣子・分部麻里・木許はるみ (2017),「孫正義氏「もっと燃料が必要だ」の一言で米WeWork日本進出が決まった」, Business Insider Japan, 2017年10月19日, https://www.businessinsider.jp/post-106082.

田中道昭 (2017),『アマゾンが描く2022年の世界 すべての業界を震撼させる「ベゾスの大戦略」』, PHP研究所.

津山恵子 (2017a),「【独占取材】WeWork日本法人社長——あの大企業もすでに会員に。「日本は『変化』を求めている」」, Business Insider Japan, 2017年8月7日, https://www.businessinsider.jp/post-100689.

津山恵子 (2017b),「【独占第2弾】WeWork本社ルポ、2.5日に1軒オープンさせるテクノロジーとオフィスの作り方」, Business Insider Japan, 2017年8月10日, https://www.businessinsider.jp/post-100757.

日経不動産マーケット情報 (2017),「【テナント】日本初上陸のWeWork、GINZA SIXなど3拠点が決定」, 日経不動産マーケット情報, 2017年9月22日, http://kenplatz.nikkeibp.co.jp/atcl/nfmnews/15/092203139/.

日本経済新聞 (2017),「中国スマホ決済660兆円」,『日本経済新聞』, 2017年11月28日付朝刊, P 3.

根来龍之 (2017),『プラットフォームの教科書 超速成長ネットワーク効果の基本と応用』, 日経BP社.

根来龍之・藤巻佐和子 (2013),「バリューチェーン戦略論からレイヤー戦略論へ——産業のレイヤー構造化への対応—」, 早稲田大学WBS研究センター『早稲田国際経営研究』, No. 44, pp. 145–162.

Alystyne, MarShall W. Van, Parker, G. G. and Chouday, S. P. (2016) "Pipelines, Platforms, and the New Rules of Strategy", Harvard Business Review, April 2016. (邦訳「プラットフォーム革命——パイプライン方事業から脱却せよ—」, 有賀裕子訳, ダイヤモンド社『DIAMOND ハーバード・ビジネス・レビュー』, 2016年10月号)

Amazon.co.jp, http://www.amazon-jp-ops.com/company/index.html (2017年12月末時点)

Amazon.com, "Annual Report", http://phx.corporate-ir.net/phoenix.zhtml?c＝97664&p＝irol-reportsannual.

Baldwin, C. Y. and Clark, K. B. (2000), "Design Rules: The Power of Modularity", The MIT Press, (邦訳『デザイン・ルール——モジュール化パワー—』, 安藤晴彦訳, 東洋経済新報社, 2004年)

Brandt, R. L. (2011), "One Click: Jeff Bezos and the Rise of Amazon.com", Portfolio. (邦訳『ワンクリック ジェフ・ベゾス率いるAMAZONの隆盛』, 井口耕二訳, 日経BP社, 2012年)

Carmiel, Oshrat (2017), "What WeWork's Lord & Taylor Deal Says About the State of Retail", Bloomberg, 2017年10月25日, https://www.bloomberg.com/news/articles/2017-10-24/wework-s-provocative-manhattan-deal-a-sign-of-the-retail-times.

CB Insights (2017), "The Global Unicorn Club" (閲覧日2017年12月13日), https://www.cbinsights. com/research-unicorn-companies.

Crook, Jordan (2017), "WeWork's office takeover continues with the launch of the Services Store", Techcrunch, 2017年4月25日, https://techcrunch.com/2017/04/25/weworks-office-domination-continues-with-the-launch-of-the-services-store/.

Eisenmann, Thomas, Parker, Geoffrey and Alystyne, MarShall W. Van (2006) "Strategies for Two-Sided Markets", Harvard Business Review, October 2016. (邦訳「ツー・サイド・プラットフォーム戦略—「市場の二面性」のダイナミズムを生かす—」, 松本直子訳, ダイヤモンド社『DIAMONDハーバード・ビジネス・レビュー』, 2007年6月号)

Evans, D. S. and Schmalensee, Richard (2016), "Matchmakers: The New Economics of Multisided Platforms", Harvard Business School Pr.

Gelles, David (2015), "At WeWork, an Idealistic Start-Up Clashes With Its Cleaners", The New York Times, 2015年9月10日, https://www.nytimes.com/2015/09/13/business/at-wework-an-idealistic-startup-clashes-with-its-cleaners.html.

Hagiu, Andrei and Wright, Julian (2015), "Multi-Sided Platforms", Harvard Business School Working Paper 15-037, March 2015, Harvard Business School, http://www.hbs.edu/faculty/Publication% 20Files/15-037_cb5afe51-6150-4be9-ace2-39c6a8ace6d4.pdf.

Instant Group (2017), "Global Cities - The Flexible Workspace Market Review 2017", 2017年6月26日, http://www.theinstantgroup.com/en-gb/news/2017/6/global-cities-the-flexible-workspace-review-2017/.

Kimura, Takuya (2017),「WeWorkが語る未来の働き方――グローバル展開する彼らならではの強みとは」, Tech Crunch Japan, 2017年11月16日, http://jp.techcrunch.com/2017/11/16/tctokyo2017-wework/.

Loizos, Connie and Neumann, Adam (2017), "Optimizing space itself with WeWork's Adam Neumann | Disrupt NY 2017", Techcrunch, 2017年5月15日, https://www.youtube.com/watch?v= -EKOV71m-PY.

Masui, Matt (2017),「日本上陸間近？ コミュニティで働き方に革新を起こす「WeWork」@ソウルを訪ねた」, Business Insider Japan, 2017年7月23日, https://www.businessinsider.jp/post-34567.

Molla, Rani (2017), "WeWork doubled its big corporate client base this year, which generated $250 million in revenue", recode, 2017年12月1日, https://www.recode.net/2017/12/1/16719798/wework-business-250-million-a-year-co-working-corporate-clients.

OECD (2012), "E-books: Developments and Policy Considerations", OECD Digital Economy Papers, No. 208, OECD Publishing, Paris. http://dx.doi.org/10.1787/5k912zxg5svh-en.

Porter, M. E. (1985), "Competitive Advantage: Creating and Sustaining Superior Performance", Free Press. (邦訳『競争優位の戦略—いかに高業績を持続させるか』, 土岐坤・中辻萬治・小野寺武夫共訳, ダイヤモンド社, 1985年)

Putzier, Konrad (2017), "IBM to take entire WeWork building in landmark deal", The Real Deal, https://therealdeal.com/2017/04/19/ibm-to-take-entire-wework-building-in-landmark-deal/.

Rhodes, Margaret (2016), "WeWork's Radical Plan To Remake Real Estate With Code", Wired, 2016年3月18日, https://www.wired.com/2016/03/weworks-radical-plan-remake-real-estate-code/.

Robinson, Melia (2017), "WeWork, the company that simulates startup life, is worth more than Twitter, Box, and Blue Apron combined", Business Insider, 2017年7月10日, http://www.businessinsider.com/wework-tops-20-billion-valuation-2017-7.

Sato, Yuki (2017),「WeWork、大手企業ユーザーが1年で倍増、急成長を支える一因に」, The

Bridge, 2017年12月4日, http://thebridge.jp/2017/12/wework-rapid-growth.

Sidders, Jack and Turner, Giles (2017), "WeWork Is About to Become the Biggest Private Office Tenant in London", Bloomberg, 2017年12月6日, https://www.bloomberg.com/news/articles/2017-12-06/wework-bets-london-s-costly-offices-won-t-be-bitten-by-brexit.

Stone, Brad (2013), "The Everything Store: Jeff Bezos and the Age of Amazon", Little, Brown and Company. (邦訳『ジェフ・ベゾス 果てなき野望』, 井口耕二訳, 日経BP社, 2014年)

Weigend, Andreas (2017), "Data for the People: How to Make Our Post-Privacy Economy Work for You", Basic Books. (邦訳『アマゾノミクス データ・サイエンティストはこう考える』, 土方奈美訳, 文藝春秋, 2017年)

Weinberger, Matt (2016), "WeWork is now a $16 billion company", Business Insider, 2016年3月9日, http://www.businessinsider.com/wework-raising-780-million-2016-3.

WeWork Cos Inc., https://www.wework.com/ (2017年12月末時点)

第6章

不動産テックの法律問題

牛島総合法律事務所 弁護士
影島 広泰

1 不動産テックがクリアすべき法律とは

「不動産テック」の概念は幅広く、関係する法律も多岐にわたる。本稿では、以下の3つの類型の不動産テックをビジネスとして提供する場合、あるいは自社の業務の一環で利用する際にクリアすべき法律問題について解説する。

(1) 取引 (Transaction)

不動産に関連するヒト・モノ・カネ・データ等をマッチングしたりシェアリングする取引を提供するサービスについては、個人情報を含むデータを利用したり第三者に提供したりすることに対する規制（主に個人情報保護法とプライバシー権への配慮）が問題となる。

また、今後、不動産取引においては、FinTechやリーガルテックとの融合が進んでいくと考えられる。具体的には仮想通貨による決済や銀行APIへの接続、あるいはスマート・コントラクト（電子契約）である。これらに関する法律問題についても概要と実務上のポイントを解説する。

（2）評価（Valuation）

人工知能（AI）やビッグデータ解析に基づいて、物件や地域の評価情報をリアルタイムに提供するサービスについても、主として個人情報の利用・提供が問題となる。また、営業秘密の保護、契約上の守秘義務と関係、著作権法も問題となるから、この点についても検討する。

（3）業務（Operation）

モバイル端末やツール等を活用して、不動産業務の効率性・生産性を向上させるサービスについては、顧客情報をモバイル端末やクラウド上のサービスに保管し利用することについて、個人情報保護法に基づく安全管理措置や委託先に対する監督義務が問題となり、個人情報保護法のガイドラインに沿っていることを確認する必要があるが、大きな問題はないように思われる[1]。

したがって、以下、(1) 取引及び (2) 評価に関する不動産テックのサービスにおいて問題となる法的論点について解説していく。

2 取引・評価におけるデータの利用についての法的規制と実務上のポイント

（1）法的規制の概要

①個人情報に該当するか？

物件情報や不動産取引の情報は、個人情報保護法が規制する「個人情報」に該当するであろうか。

個人情報保護法では、「生存する個人に関する情報であって、当該情報に含まれる氏名、生年月日その他の記述等により特定の個人を識別することができるもの」が「個人情報」と定義され、規制の対象となっている[2]。

---

1) なお、クラウドの利用については、経済産業省が「クラウドセキュリティガイドライン改訂版」を公表しているから、参照すべきである。
2) 「個人識別符号」と呼ばれるもの（生体認証の情報、及び役所等が発行する各種の符号［パスポート番号、運転免許証の番号、マイナンバー等］）が含まれる情報も個人情報であるが、この点は割愛する。

また、「他の情報と容易に照合することができ、それにより特定の個人を識別することができることとなるもの」も個人情報に含まれるとされている（これを「容易照合性」という）。

　ここで重要なのは、「特定の個人を識別することができる情報」が個人情報であるという点である。すなわち、氏名や生年月日は例示に過ぎないのであって、氏名や生年月日が含まれていなくても、特定の個人を識別することができる情報は個人情報なのである。例えば、顔が写っている防犯カメラの映像は、通常、その人物の氏名は分からないが、特定の個人は識別できるため、個人情報に該当する。

　また、この定義には、公開されている情報なのか非公開の情報なのか、あるいはビジネス上の情報なのかプライベートの情報なのかといった区別がないことも重要なポイントである。

　以上から、不動産に関係する様々な情報が個人情報に該当することになる。

　まず、不動産登記簿の情報は、所有者の氏名・住所等が記載されているから、個人情報である。登記情報は公開されている情報であるから個人情報ではないと考える方も多いが、それは誤解である[3]。

　次に、売買契約書や賃貸借契約書等の契約書も、売主・買主や賃貸人・賃借人の氏名等が記載されているから個人情報である。

　では、物件情報は個人情報に該当するであろうか。まず、物件情報に、住居表示や地番等が含まれている場合には、不動産登記簿や住宅地図等により、所有者（売主や貸主）を特定することができる。また、住居表示や地番等が含まれていない場合でも、買主等の媒介を行う宅地建物取引業者（客付業者）は、売買契約等の成約までに、元付業者への電話連絡等を通じて物件を特定でき、物件の売主や貸主等の特定の個人を識別することができる。したがって、いずれの場合も、「他の情報と容易に照合することができ、それにより特定の個人を特定することができる」から、個人情報に該当することになる[4]。

---

3)　商業登記や法人登記も、代表者の氏名等が記載されているから、個人情報である。

図表1　個人情報に該当する不動産に関係する情報（典型例）

不動産登記簿		個人情報
契約書		個人情報
物件情報	住居表示や地番等あり	個人情報*
	住居表示や地番等なし	個人情報*
成約情報	住居表示や地番等あり	個人情報*
	住居表示や地番等なし	個人情報ではない

* 「他の情報と容易に照合することができ、それにより特定の個人を識別することができる」ため、個人情報に該当する

　これに対し、指定流通機構が保有する成約情報は、住居表示や地番等が含まれている場合等、住宅地図等により所有者である特定の個人が識別できる場合には個人情報に該当するが、住居表示や地番等が含まれていない場合等は個人情報に該当しないとされている（図表1）[5]。

　②個人情報保護法の規制の内容

　個人情報にあたる情報を取り扱う場合、個人情報保護法の規制を受ける。

　個人情報保護法とは、以下の5つの規制をする法律である（図表2）。

　すなわち、①個人情報を取得する際には、利用目的を特定した上で、それを本人に「通知」するか「公表」する義務がある（本人から直接書面やインターネットで取得する場合には「明示」する必要がある）。②個人情報を利用する際には、利用目的の達成のために必要な範囲を超えて利用してはならない。③個人データ[6]について、漏えい、滅失または毀損を防止するための「安全管理措置」を講じなければならない。④個人データを第三者に提供する際には、委託または共同利用等に該当しない限り、原則としてあらかじめ本人の同意を得なければならない。⑤本人から開示請求等があれば

---

4)　国土交通省「『不動産業における個人情報保護のあり方に関する研究会』報告（不動産流通業における個人情報保護法の適用の考え方）」Q1。
5)　前記国土交通省「報告」Q2。

図表2　個人情報保護法が規制するもの

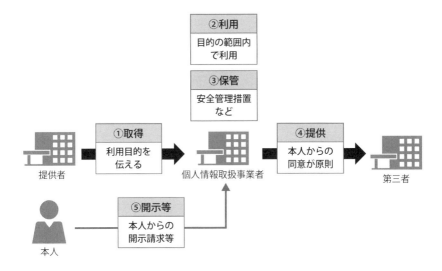

対応しなければならない。

(2) ビッグデータでの利用についての実務

以上の法規制を前提に、物件情報や取引に関する情報等、不動産に関する情報をビッグデータとして利用する際の規制を検討する。

(ア) 利用目的

まず、利用目的をどうすべきかが問題となる（前記の5つの規制のうち①及び②）。取引情報等をビッグデータとして解析に利用することを利用目的として特定して通知等する必要があるか、という問題である。

この点、個人情報保護委員会のガイドラインQ&Aによれば、統計情報は

---

6) 個人情報を（容易に）検索できるように体系的に構成したものを「個人情報データベース等」といい、個人情報データベース等を構成している個人情報を「個人データ」という。つまり、単体で存在している情報が「個人情報」であり、データベースに格納されたり表形式に整理されたりしている個人情報などが「個人データ」である。両者は異なるものであるが、本稿ではデータベース化された情報の利活用や、ビッグデータとしてのデータの利活用を念頭に置いているから、個人データに該当する情報であることを前提に論じることとする。

個人情報に該当せず（Q1-14）、統計データへの加工を行うこと自体を利用目的とする必要はないとされている（Q2-5）。

したがって、例えば、「客付業者や買い希望者に物件情報を提供すること」といったビッグデータとしての利用以外の利用目的で収集した個人情報であっても、統計的な処理をするために利用するだけであれば、特段の手続をすることなく、そのまま利用することができることになる。

（イ）第三者提供

では、第三者提供（前記の5つの規制のうち④）はどうであろうか（なお、インターネットで公表することも第三者提供にあたるから注意が必要である）。

ビッグデータとして解析した結果として出てきた統計情報であれば、これは個人データではないから、本人の同意を得ることなく第三者提供することができる。

これに対し、ビッグデータとして取引情報や物件情報そのもの（統計処理する前の「生」のデータ）を第三者提供するのであれば、本人の同意が必要となる。同意を得ることができないのであれば、委託又は共同利用として組み立てる必要がある。

なお、第三者提供する情報が個人データに該当するか否か（容易照合性）は、提供先ではなく提供元で考えるとされているから注意が必要である。すなわち、例えば取引に関する情報から、契約当事者の氏名や物件の詳細等を削除して、その情報単体では特定の個人が識別できないように加工したとする。この情報は、提供を受けた者にとっては、特定の個人が識別できないから、個人情報に該当しないことになる。ところが、提供する側にとっては、容易照合性により特定の個人を識別できる情報である（誰の情報であるかは提供する側では分かっている）。この場合、個人データの第三者提供に該当するのである[7]。

（ウ）匿名加工情報

2017年5月の個人情報保護法の改正で、「匿名加工情報」という新しいジャンルの情報が生まれた。匿名加工情報を利用することで、利用目的の

制限がなくなるとともに、第三者提供について本人の同意が不要となる。これを利用すれば、前記の（ア）と（イ）の問題は一挙に解決する。

　匿名加工情報とは、「特定の個人を識別することができないように個人情報を加工して得られる個人に関する情報であって、当該個人情報を復元することができないようにしたもの」のことをいう（個人情報保護法2条9項）。つまり、「特定の個人を識別することができる情報」が個人情報であり、これを「特定の個人を識別することができないように加工」すると「匿名加工情報」になるのである。

　となると、どのように加工すれば「特定の個人を識別できないように加工」できるのかが問題となる。この点について、個人情報保護法36条1項は、「個人情報保護委員会規則で定める基準に従い」加工しなければならないと定めている。そして、この「基準」を定める個人情報保護委員会規則（個人情報施行規則19条）は、図表3の5つの基準を定めている。これら5つの全てを満たす形で加工すると、匿名加工情報となる（5つのどれかではなく、5つ全てであるから注意が必要である）。

　例えば、不動産賃貸借の契約情報を匿名加工情報に加工するためには、典型的には以下のような加工をすることになる[8]。

①賃貸人・賃借人の氏名や住所は削除する。

②本人確認の際の運転免許証の番号やパスポート番号等の個人識別符号を削除する。

③社内管理用の顧客IDを削除する。

④賃借人の年齢のうち「116歳」という特異な情報は「90歳以上」に置き換える。この加工をしないと、「あのご老人の事例だ」と特定できて

---

7)　逆に、提供元において特定の個人が識別できないが、提供先においては特定の個人が識別できる場合、個人情報保護法は本文に記載したとおり「提供元基準」であるから、個人データの提供には該当しないことになる。しかしながら、このような場合、提供先において特定の個人を識別して利用するようなケースでは、プライバシー権を不当に侵害していないかが別途問題となる。情報を取扱うビジネスを検討するにあたっては、個人情報保護法だけではなくプライバシー権の侵害がないかも考えなければならないことを示す例である。

8)　ここで示した加工例は、これらの加工をすれば足りるという趣旨ではなく、5つの基準について、例えばこのような加工をするというイメージを示したものに過ぎないことに留意されたい。

第6章　不動産テックの法律問題　　123

図表3	個人情報保護委員会規則が定める5つの基準

	委員会規則の定め	筆者による具体例
①	個人情報に含まれる特定の個人を識別することができる記述等の全部又は一部を削除すること（当該全部又は一部の記述等を復元することのできる規則性を有しない方法により他の記述等に置き換えることを含む）。	賃貸人・賃借人の氏名や住所を削除
②	個人情報に含まれる個人識別符号の全部を削除すること（当該個人識別符号を復元することのできる規則性を有しない方法により他の記述等に置き換えることを含む）。	本人確認の際の運転免許証の番号やパスポート番号等の個人識別符号を削除
③	個人情報と当該個人情報に措置を講じて得られる情報とを連結する符号（現に個人情報取扱事業者において取り扱う情報を相互に連結する符号に限る）を削除すること（当該符号を復元することのできる規則性を有しない方法により当該個人情報と当該個人情報に措置を講じて得られる情報を連結することができない符号に置き換えることを含む）。	社内管理用の顧客IDを削除
④	特異な記述等を削除すること（当該特異な記述等を復元することのできる規則性を有しない方法により他の記述等に置き換えることを含む）。	賃借人の年齢のうち「116歳」という特異な情報は「90歳以上」に置き換える
⑤	前各号に掲げる措置のほか、個人情報に含まれる記述等と当該個人情報を含む個人情報データベース等を構成する他の個人情報に含まれる記述等との差異その他の当該個人情報データベース等の性質を勘案し、その結果を踏まえて適切な措置を講ずること。	賃料が相場よりも極端に高い事例は削除する 町内に1つしか事例がない場合には、地区ごとにまとめたデータとする

しまうからである。

⑤賃料が相場よりも極端に高い事例は削除する。「例の高額物件の事例だ」と特定できてしまうからである。また、データの範囲を調整する必要もある。例えば、データの中に「○○市本町一丁目」の取引事例が1件しかなく特定できてしまう可能性が高い場合には、「○○市本町」の事例とする、「○○駅500メートル圏内」とするなど、特定の個人を識別できないように加工することも必要となる。

以上のような加工をして匿名加工情報とすれば、加工方法等の情報についての安全管理措置や、個人に関する情報の項目の公表義務、識別行為の

図表4 匿名加工情報の取扱いのルール*

---

①作成したとき
　規則で定める基準に従い、加工の方法等に関する情報等の安全管理措置を講じる
　規則で定めるところにより、個人に関する情報の項目を公表
　匿名加工情報の安全管理措置等を講じ、かつ当該措置の内容を公表するよう努める

②自ら取り扱う際
　本人を識別するために、当該匿名加工情報を他の情報と照合してはならない

③第三者に提供するとき
　規則で定めるところにより、あらかじめ、第三者に提供される匿名加工情報に含まれる個人に関する情報の項目及びその提供の方法について公表するとともに、当該第三者に対して、当該提供に係る情報が匿名加工情報である旨を明示

④第三者から提供を受けた匿名加工情報を取り扱う際
　本人を識別するために、削除された記述等、加工の方法の情報を取得し、又は当該匿名加工情報を他の情報と照合してはならない
　匿名加工情報の安全管理措置等を講じ、かつ当該措置の内容を公表するよう努める

---

* 列挙したとおりの様々なルールがあるが、本文に記載したとおり、利用目的が関係なくなる点と、本人の同意が必要なものが1つもない点が重要である。

禁止等のルールさえ守っていれば、利用目的と関係なく利用することができ、第三者提供等に本人の同意は全く必要なくなる（図表4）。匿名加工情報は、ビッグデータの利活用にとって非常に便利な制度ということができる。

（3）AIの利用についての留意点

　AIの機械学習の教師データとして不動産の物件情報や取引情報等を利用する際にも、個人情報保護法が問題となる[9]。

　統計データを作成することについては利用目的として特定する必要がないことは前述したとおりであり、ガイドラインQ&Aでは統計データへの加工を行うこと自体を利用目的とする必要はないとされていることも前述したとおりである。したがって、物件情報や取引情報等の「生」のデータで

9）　AIを活用する際には、AIそのものや学習済みモデル等について、営業秘密として保護されるか、著作物として保護されるか等が問題となる。これらは、クリアすべき法的規制というより、自らが開発したAIや学習済みモデルを他社による不当な利用から守ることができるかという論点であるから、本稿では取り上げない。

あっても機械学習の教師データとして利用するだけであれば、利用目的として特定する必要はないと考えることができるであろう。

もっとも、個人情報保護法の利用目的とは、当該情報の最終的な利用目的を特定すべきであると考えられており、物件情報や取引情報等を教師データとして利用した結果として最終的にどのような目的で利用するのかが問題となる。その利用の目的や態様によっては、目的外利用であると判断される可能性もあることに留意が必要である。また、技術の進歩は早く、数年後には現時点では想定できない態様で、過去のデータを利用したくなることがあり得る。

以上から、可能であれば、「マーケット情報の分析のためのデータとして利用します」といった利用目的を、媒介契約書や入居申込書等に印字して明示しておくことが、法的に安全で明確な対応ということになろう。

（4）売主と買主、貸主と借主、施主と業者等のマッチング

売主と買主、貸主と借主、施主と業者等の情報のマッチングを行うためには、物件等を特定するための情報を公表することが必要なケースが多いであろうし、少なくとも最終的にはマッチングさせた者の間で個人データをやりとりする必要が生じる。

したがって、個人データの第三者提供について同意が必要となる[10]。実務的には、このようなサービスを提供する際に、第三者提供について同意を得た上で登録等を行わせるようにする必要があると考えられる。

なお、当該マッチングサービスがいわゆる「民泊」に該当する場合には、住宅宿泊事業法の住宅宿泊仲介業の規制を受けるから留意が必要である。

（5）契約上の守秘義務等との関係

なお、以上に述べてきたサービスを提供する際に共通する問題として、契約上の守秘義務等に注意が必要である。

---

10) 変更前の利用目的と「関連性」がある場合には本人の同意は不要である。関連性が認められるかどうかは、変更前の利用目的がどのようになっているか等に依存するから、個別的に判断する必要がある。

様々な契約書において、守秘義務を課す条項や、契約の目的外で情報を利用しない旨の条項が存在している。このようなケースでは、個人情報保護法の規制をクリアできたとしても、その契約に基づいて取得した情報を第三者に提供したり開示したりすることが、契約上の守秘義務に違反してしまったり、契約が定める目的外利用禁止の義務に違反したりすることがあり得る。新たなサービスを提供する際には、法律の規制をクリアするだけではなく、元となるデータを取得した際の契約条項を確認し、データの利用や提供の障害となる条項がないかを確認する必要があることに留意が必要である。

3 取引における各種サービスの提供についての法的規制と実務上のポイント

（1）電子的な契約

　不動産売買契約や賃貸借契約を電子的に行うサービスを提供することは、利便性のみならず、印紙税との関係でもニーズが高いと思われる。その際の法的規制と実務上のポイントは、以下のとおりである。

①重要事項説明（賃貸借契約）
　まず、賃貸借契約についての重要事項説明は、対面と同様に説明を受け、あるいは質問を行える環境であれば、パソコンやテレビ、タブレット等の端末の画像を利用して行うことができるとされている。その際の要件は、以下のとおりである（図表5）。
　なお、重要事項説明書は、宅地建物取引士が記名押印をした上で書面にて交付する必要があるから（宅地建物取引業法35条等）、ファイル等による電子メール等での送信は認められない。必ず事前に交付（送付）するよう注意が必要である。
　以上の諸点を含め、ITを利用した重要事項説明の方法等については、国土交通省の「賃貸取引に係るITを活用した重要事項説明実施マニュアル」に詳細が記載されているから、サービスを検討する際には必ず目を通す必

図表5 不動産業課長通知においてIT重説に求められる要件

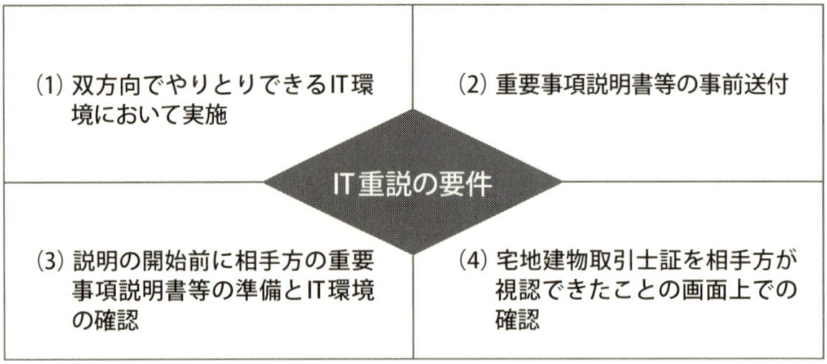

```
┌─────────────────────────────────────────────────────────┐
│  (1) 双方向でやりとりできるIT環       (2) 重要事項説明書等の事前送付  │
│      境において実施                                       │
│                    ◆ IT重説の要件 ◆                       │
│  (3) 説明の開始前に相手方の重要     (4) 宅地建物取引士証を相手方が  │
│      事項説明書等の準備とIT環境         視認できたことの画面上での  │
│      の確認                             確認                │
└─────────────────────────────────────────────────────────┘
```

要がある[11]。

　なお、2017年から始まったITを利用した重要事項説明（いわゆる「IT重説」）は、賃貸借契約に限定したものである。売買契約への適用は、今後の課題として国土交通省において検討されていくことになる。

　②契約の締結

　また、契約そのものを電子的に行うことも可能であると考えられる。

　契約書に押印をすることは、法的には、成立の真正が推定されるという意味を持つ。すなわち、民事訴訟法228条4項は、「私文書は、本人又はその代理人の署名又は押印があるときは、真正に成立したものと推定する。」と規定している。これにより、例えば、本人の押印がある契約書を裁判に証拠として提出すれば、相手方が、その契約書が偽造されたものであることを立証しない限り、偽造されたものではないという前提で認定してもらえるのである。

　では、電子署名の場合はどうか。電子署名についても、電子署名法という法律があり、3条で「電磁的記録であって情報を表すために作成されたもの…は、当該電磁的記録に記録された情報について本人による電子署名（これを行うために必要な符号及び物件を適正に管理することにより、本人だけが

11）　http://www.mlit.go.jp/totikensangyo/const/sosei_const_fr3_000046.html

行うことができることとなるものに限る。）が行われているときは、真正に成立したものと推定する。」と規定されている。つまり、一定の要件を満たした電子署名であれば、押印と同じく、成立の真正が推定されるとされているのである。その意味で、電子署名は、紙の上の押印と法的に同じ効果を持つといえる。

電子署名法では、電子署名が本人のものかどうかを証明するための電子証明書（公開鍵証明書）を発行する業務を「特定認証業務」といい、「特定認証業務」の中でも厳格な基準をクリアしたものを総務大臣、経済産業大臣及び法務大臣が認定する制度が存在する。認定を受けている「認定認証事業者」（認定認証局）のサービスを利用することは一つの安心材料になるといえる。

個人が契約当事者である場合、電子証明書は、マイナンバーカードに格納されている公的個人認証の電子署名書を利用することが考えられる。マイナンバー法の施行に伴い、公的個人認証は民間にも開放されているから、マイナンバーカードをカードリーダーにかざして暗証番号を入力するだけで、上記の電子署名を行うことが可能になっている。

なお、宅地建物取引業法により、契約締結時の書面の交付義務が存在するから、契約そのものは電子的に行ったとしても、遅滞なく宅地建物取引業法37条が定める事項を記載した書面を交付する必要がある点に注意が必要である。

（2）FinTechとの融合

①決済サービス

不動産取引の決済を仮想通貨で行うことも可能である。例えば、外国からの投資家が我が国で不動産を購入する際に仮想通貨で決済するサービスを提供するようなケースが考えられる。このような場合、資金決済法上の登録等が必要かが問題となるが、登録は必要ないと考えられる。

まず、仮に為替取引（100万円以下[12]）を行うのであれば、資金決済法の資金移動業の登録が必要となる。例えば、顧客Aから金銭を受け入れて、これを仮想通貨に交換し、他の仮想通貨交換所と連携して換金し、金銭で

顧客Bに支払う、といったサービスが、典型的な為替業務である。しかし、不動産現物の決済のために仮想通貨交換所等を経由して仮想通貨を受領し、これを換金して決済する場合には、為替取引には当たらないと考えられている。

また、仮想通貨の売買または他の仮想通貨との交換、あるいはその取次等を行う場合には、仮想通貨交換業の登録が必要となる。しかし、不動産現物の決済のために仮想通貨交換所等を経由して仮想通貨を受領する上記のようなケースは、仮想通貨の売買を自ら行っているわけではないし、仮想通貨同士の交換をしているわけでもないから、仮想通貨交換業の登録も必要ない。

実務的には、顧客との契約書において、仮想通貨の変動リスクをどのように盛り込むか（決済の際はもちろん、決済が上手くいかず返金する際も）がポイントとなる。

②銀行APIとの接続

決済等において、銀行APIと接続して、不動産テックのサービスから銀行口座を直接呼び出して送金等を行うことも考えられる。

その際には、全銀協オープンAPI検討会において、セキュリティ原則や利用者保護原則が定められ、FISCが「API接続先チェックリスト（試行版）」を公表しているから、これを契約書等に盛り込む必要がある。逆に言えば、既に全銀協やFISCがルールを公表しているから、これに準拠している限り、銀行APIに接続した不動産テックのサービスを提供することは現実的なビジネスとして考えることができるのである。

---

12) 100万円を超える為替取引を行うためには、資金決済法の資金移動業の登録ではなく、銀行法の銀行の免許が必要となる。

第7章

スマートコントラクトによる
土地売買を考える

慶應義塾大学SFC研究所 上席所員
斉藤 賢爾

1 はじめに

「スマートコントラクト（smart contract）」は、広い意味では「契約を機械
で実装する仕組み、また、そのようにして実装された契約」と考えること
ができる。ただし、現時点で実際に可能なのは「デジタルに表現される資
産をあらかじめ定められたルールに従って自動的に移転させる」ことに過
ぎず、また、そのことすら実現上の課題が多い。

筆者は計算機科学、インターネットおよびそれらの社会応用を専門とし
ており、土地や法曹の専門家ではないが、昨今話題となっているビットコ
インをはじめとする「デジタル通貨（digital currency）」や、「分散台帳（dis-
tributed ledger）」としての「ブロックチェーン（blockchain）」といった技術
に長らく関わっており、その可能性および不可能性（現状の技術では実際に
はできないこと）の啓蒙に携わってきた。

本稿では、土地に対する権利がデジタル資産として表現されることと、
支払の手段としてデジタル通貨が用いられることを前提として、単純なモ
デルに沿って土地売買のエスクローサービスを自動化しうることを示すが、

131

技術的・社会的な課題が多く、即、そのような世界が訪れることを喧伝するものではない。しかし、おそらく遅くとも10年、20年といったスパンで諸々の課題は解決できると見込んでおり、こうした自動化が土地の取り扱いに及ぼす影響について今から想定しておくことには意味があると考えている。

2 ブロックチェーンを理解する

現状、スマートコントラクトはブロックチェーンの応用技術のひとつとして捉えられている。そこで、まずはブロックチェーンについて簡単に理解するところから始めたい。

あらゆる技術は、特定の問い（要求）に対する答えである。したがって、ある技術を理解するためには、まずその問いを理解する必要がある。ブロックチェーンが生まれるきっかけとなったビットコインの「問い」は、「自分が持っているお金をいつでも自分の好きに送金することを誰にも止めさせないためには？」というもの[1]であり、その他のブロックチェーンや分散台帳技術一般にも適用可能なように汎用化すると、「アセット（資産）の制御の権限を中央ではなくエンド（端点）が持つには？」となる。

図表1は、そうした問いに応える技術としてのブロックチェーンや分散台帳技術を理解するために、その機能を階層構造として整理したものである。個々の機能は特定の技術により実現されるが、今の時点で個別の技術に着目してしまうと、現状では技術的な課題が多く、技術の変化が見込まれるだけに、本質を見失うことになりかねない。まずは、図表1のようなレベルで理解をしておくことが肝要だと筆者は考えている。

---

1) ビットコインの匿名の設計者であるサトシ・ナカモトの論文では明記されていないが、分散台帳技術のひとつであるR3 Cordaの開発者による整理。http://www.r3cev.com/blog/2016/4/4/introducing-r3-corda-a-distributed-ledger-designed-for-financial-services

図表1 ブロックチェーン／分散台帳の機能の階層構造

ルールの記述・執行 スマートコントラクト	・正当なトランザクションの定義とその執行
唯一性の合意 トランザクションとしての確定に向けて	・矛盾するふたつのトランザクションが投入される場合、誰もが同じ片方のみをいずれ履歴の中に位置づける
存在の証明 存在の否認不可能性を提供する、証明の基盤	・過去のトランザクションを抹消したり捏造できず、トランザクションが履歴の中に固定される
正当性の保証 誰もが制御を持て、自己充足構造で検証可能	・トランザクションが過去からの履歴に照らして矛盾がなく、正当な権利を持つユーザにより投入されたことの保証 ・正当な権利を持つユーザによる投入を止められない

（1）正当性の保証

　正当性の保証は、システムに投入されたトランザクション（取引）または レコード（記録）がルールに基づいて改ざん不可能なかたちで記述されてお り、過去の履歴と矛盾しないことを保証する機能である。また、そうした トランザクションないしレコードが、正当な権限を持つユーザにより投入 されたことを保証し、かつ、正当な権限を持つユーザによる投入が誰にも 妨げられないことを保証する。

　一般に、ブロックチェーンや分散台帳では、「デジタル署名（digital signa-ture）」により、本人性（すなわち、正当な権限を持つ本人であるか）の確認と 記述内容の否認不可能性が提供される。署名の検証を第三者が行う場合 は、取引や記録のデータの中に公開鍵を埋め込む、あるいは何らかのPKI （公開鍵インフラストラクチャー）[2] を用いる必要がある。

（2）存在の証明

　存在の証明は、トランザクションやレコードの存在の否認不可能性を提 供する機能である。過去に遡って、存在した取引や記録の証拠を抹消す

2）　公開鍵の正当性を担保するための技術的・社会的な機構。

る、あるいは存在しなかった取引や記録の証拠を捏造できない仕組みを提供する。

内容の否認不可能性は前述のようにデジタル署名によってもたらされるが、それでも「この時刻に存在した」あるいは「このイベントの前／後に存在した」ということは原理的に否認できる。デジタル署名には時刻の概念がないからである。デジタル署名の対象を（相対）時間の中に位置づけるこの機能は、タイムスタンプサービスと関係が深い。

取引の当事者であれば、メッセージのやり取りの履歴の中にトランザクションやレコードの受信を位置づけることができるため、この機能を明示的に必要としない場合を考えることもできる（不要ではない）。

（3）唯一性の合意

唯一性の合意は、トランザクションやレコードがユニーク（唯一）であること、すなわち、アセットに関わる履歴が分岐せず、単一のタイムラインを刻んでいることに参加者が合意するための機能である。

自律分散環境では、アセットの履歴の見え方が参加者によって異なる場合も発生しうるため、例えばアセットの二重消費が起きていないことを保証するなどの目的でこうした機能が必要になる。

ただし、例えばクリエイティブ・コモンズのライセンスに基づくデータの頒布の記録など、この機能の必要がない場合を考えることもできる。

（4）ルールの記述・執行

ルールの記述・執行は、正当性を確認するためのルールや自動処理の記述・エンフォースメントおよびその実行を提供する機能である。

ブロックチェーンや分散台帳の文脈では、この機能により記述されたルールがスマートコントラクトと呼ばれると整理できる。

ブロックチェーンや分散台帳が実世界とどうリンクできるかについて課題が山積している現状、スマートコントラクトでできることは、デジタルに表現されるアセットをあらかじめ定められたルールに従って移転したり、その状態を変化させたりすることくらいであるが、言わばアプリケーショ

ン層となるこの層は社会への影響と直接繋がる部分であり、今後特に重要になると考えられる。

（5）空中約束固定装置

　以上のような構造を持つことで、ブロックチェーンや分散台帳は、言わば「空中に約束を固定する装置」として機能する。ビットコインで言えば、約束とは「コインが宛てられた本人だと証明できる者だけが、そのコインを他の誰かに送金できる」というものである。約束（の証拠）がどの主体にも独占的に保有されず、空中で維持されていることにより、エンドが権限を持つことを保証でき、かつ、常時ネットワークに接続しているわけではなく間欠的にシステムに参加するような主体にも対応できる。

　その様子を表したのが図表2である（I/Fはインタフェースを示す）。

　以降、ブロックチェーンや分散台帳のこの性質に言及する際は、「空中約束固定装置」という用語を用いる。

　日本銀行総裁は、2016年8月の第1回FinTechフォーラムの冒頭での挨拶[3] で、「『ブロックチェーン』や『分散型元帳』は、『帳簿は特定の主体が管理するもの』という従来の考え方を大きく変えるものです。金融の発展自体が帳簿というインフラに支えられてきたことを踏まえれば、帳簿の革新は、金融の形態にも大きな変化をもたらす可能性があります」と述べている。しかし、その監査可能性や、権限を持つ主体による運用の自律性を考えるなら、帳簿は本来的に空中に置かれるべきものである。

　空中約束固定装置は、特に公共財に関して、その制御権を公正に運用することに適している。社会に影響力を持ちうるその最初の実装（ビットコイン・ブロックチェーン）が、貨幣という公共財の分野に登場したことは象徴的だと言える。

　3）　https://www.boj.or.jp/announcements/press/koen 2016/ko160823a.htm/

図表2　空中約束固定装置

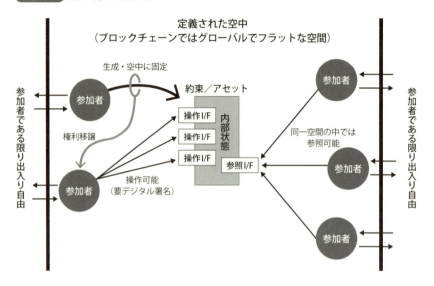

3　ブロックチェーンへの期待と課題

　ここで、ブロックチェーンや分散台帳の期待される応用について述べ、ブロックチェーンが抱える技術とガバナンスの諸問題を明らかにしておきたい。そうした諸問題は技術の成り立ちに大きく依存するので、ここではビットコインに代表される狭い意味でのブロックチェーンについて課題を述べていくが、そうした諸問題を解決していく取り組みは現在進行形で進んでおり、一般に分散台帳が同様な問題を抱えるわけではないことをここで明記しておく。

（1）期待されている応用

　ブロックチェーンや分散台帳は、金融アセットの直接取引や、企業の株式分割、減資・併合、株式移転・交換、合併、第三者割当増資など、ま

た、サプライチェーン管理、マスターデータ管理、そしてシェアリングエコノミーやIoT（Internet of Things）への応用が特に取り沙汰されている。

　前述のように、空中約束固定装置は、特に公共財に関して、その制御権を公正に運用することに適していることから、各参加者が私有する財を共有し、半ば公共財のようにして扱うことを可能にするシェアリングエコノミーが、ブロックチェーンの応用可能性のひとつとして挙げられること自体は頷ける。

（2）実時間性・秘匿性の課題

　しかし、ビットコインの流れを汲むブロックチェーンには、その動作が確率に基づいており、実時間で進行する現実と同期しにくいという問題がある。

　また、任意の第三者に対してトランザクションやレコードの検証可能性が開かれているとすれば、それはすなわち一般公衆によるデータのアクセスを可能にしているということであり、秘匿性が要求される応用にはそのままのかたちでは適用できないという問題もある。

（3）スケーラビリティの課題

　実時間性や秘匿性の欠如に次ぐ技術的な課題の代表例としては、システムがスケールアウトしない、すなわち、参加するコンピュータを追加することでは性能上の問題を解決できないという課題がある[4]。

　ブロックチェーンでは、その全機能を有する参加者の各々がブロックチェーンのデータ全体を処理するため、時間当たりのトランザクション数の増加に伴い、データ構造を維持するためのコストが直線的に上昇してしまう。このことにより、例えばスマートシティのような、大規模に成長しうるシステムの中核に据えるには懸念がある。

　4）　対して、一般に大規模な分散システムは、要求が増え、システムの処理が追いつかなくなるおそれに対しては、コンピュータを追加して1台当たりの負荷を軽減することで対応できるように設計されている。

（4）ワンネスの罠とガバナンスの課題

　ブロックチェーンは、大規模災害や政変などによりネットワークが分断されると、チェーン（履歴）が安定的に分岐することになり、唯一の正しい履歴が保たれるという大前提が崩れ、正しく動作しない。「世界がひとつ」でなければ動作しないというこの性質を、以降「ワンネス（oneness）」と呼称する。

　ブロックチェーンは、分散システムあるいは非集中システムと言われることもあるが、実際には「ワンネス」は「分散」の考え方と真っ向から対立する。ブロックチェーンは、分散というよりはむしろ「複製」の技術なのである。

　そのことがもたらす重要な帰結は、技術を進化させるガバナンスが利きにくいということである。ブロックチェーンでは、インターネットのその他のアプリケーションでは普通に行われている、「一部で違うことを試して、うまくいったら全体で採用する」ということができない。一部が異なる仕様で動くと履歴が分岐してしまうからである。すると、現実への適用性を実地で評価しながら技術を進化させていくことが困難になる。めまぐるしく変化する技術的・社会的状況の中で、実際に使われていく技術を維持していくためには、この困難性は致命的となる。

　この困難性は、例えば、一度ブロックチェーン上に展開されたスマートコントラクトのコードを修正できないというかたちでも浮上しうる（もちろん、そのように設計しないことも可能であるが、スマートコントラクトの基盤として広く知られている「イーサリアム（Ethereum）」では、現状そうなっている）。ソフトウェアは、改善が可能な状態に置かれるべきであり、開発者の権限を不当に制限するそのような設計は決して望ましくはない。

（5）インセンティブ不整合性

　ブロックチェーンは、その各々のシステムの中核を成す「ネイティブ通貨」（例えばビットコインであればBTC）によって報酬を受け取る「マイナー（miner）」により維持される。したがって、仮にマイナーが大規模に撤退すると、停止するおそれがある。

マイナーは、トランザクションやレコードを格納するブロックという構造を生成することにより報酬を得ている。ブロックの生成にはコストがかかるため、報酬として得られる通貨の価格が下落し、投入するコストに見合わなくなると、撤退という選択肢が現実的となる。

このことがもたらす帰結は、ビットコインの場合、「ビットコインの価格が下落する⇒ビットコイン・ブロックチェーンが停止する」である。したがって、この設計は素のビットコインに関してはインセンティブ整合的と言える。

しかし、ブロックチェーンの上で、スマートコントラクトとして様々なアプリケーションが動作している場合はこの限りではなく、「ブロックチェーンのネイティブ通貨の価格が下落する⇒その上のアプリケーションすべてが停止する」となるため、このインセンティブ設計はブロックチェーンを汎用のアプリケーション基盤として見た場合に不整合的である。

4　スマートコントラクトによる土地の売買

以上のように、分散台帳、特にブロックチェーンには様々な課題があることを踏まえた上で、スマートコントラクトによって土地の売買を行うことの可能性について検証してみよう。

（1）解くべき問題

現状、土地の売買では、典型的には銀行の一室に、売主、買主、不動産会社、司法書士、銀行員の5者が一同に集まることではじめて決済が実行されることになる。そのことの背景には、意思確認の効率化と、契約不履行による様々なリスクを避けるためといった理由があると考えられる。

契約不履行によるリスクとは、例えば売主が土地の代金を受け取ったのにその権利を移譲しなかったり、逆に買主が土地の権利を移譲してもらったのに代金を払わなかったりすることだと想像する。これは一般に商取引において考慮すべきリスクである。しかし、特に商品が高額となる土地売

買においては、概念的にはアトミック（不分割）な手続きとして売りと買い
を同時に実施する必要がある。

　仮に、意思確認とリスク回避の手段としてスマートコントラクトを用い、
売主と買主だけが参加するオンラインの空間で、双方が同時にアクセスす
る必要すらない中で売買を成立させることができるなら、取引コストや利
便性の面で、ひとつの大きな改善になると考えられる。

　そしてそれが可能であることは、単純化したモデルを用いて実証的に確
認できる。

（2）単純化したモデルによる解

　単純化したモデルによる、スマートコントラクトを用いた土地売買の仕
組みを図表3に簡単に示した。このモデルでは、売主が土地の権利を、買
主が土地の代金を、それぞれ自動化された売買契約のスマートコントラク
トに預託し、双方が揃った状態でのみ売買を実行する。

　このモデルでは以下の3つのコントラクトが売主と買主の指示に基づい
て動作する。

デジタル通貨：通貨システムを簡単に実現したものであり、システムの参
　加者それぞれが通貨残高を持ち、参加者間で、送金元が所持する任意の
　量を送金先に送る「送金」のインタフェースを持つ。
土地アセット：土地の権利をデジタル資産として表現したものであり、内
　部状態として「権利者」を持つ。権利者が権利を他の参加者に移転する
　ための「権利移転」のインタフェースを持つ。
土地売買契約：土地売買の仲介者をデジタルに表現したものであり、指定
　された土地アセットの権利と、その代金として支払われる通貨の量をそ
　れぞれ預かることができる（その意味で、このコントラクトは参加者と同様に
　システム内にアカウントを持つ）。取引が正常に進行しない場合（どちらかが
　預託すべきものを預託していない場合）に、売主が土地の権利を取り戻す
　ための「土地戻し」、買主が代金を取り戻すための「代金戻し」の各インタ
　フェースを持つ。また、両方が預託されている場合に限って土地の権利

図表3 自動エスクローによる土地売買

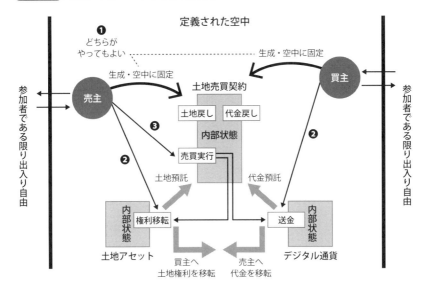

を買主に、代金を売主に渡す「売買実行」のインタフェースを持つ。このコントラクトは、自らがシステムの参加者として、各機能の実現のために「デジタル通貨」および「土地アセット」のインタフェースを利用する。

この仕組みは、実際に筆者がプログラマ向けにイーサリアムにおけるプログラミングを体験してもらうために各所で実施している「スマートコントラクトプログラミング」の講義にて、最終課題として出題している例題でもあり、概ね30分程度で書ける簡単なコードで実際に記述し、動かすことができる。

(3) 解の特長と課題

この解の特長は、人間としてシステムに参加しているのが売主と買主という当事者だけであり、他の機能は自動化されているという点にある。

ただし、自動化とは言え、コンピュータのプログラムとして実行される

以上、当該コンピュータを資源として提供する主体が必要であり、システム全体がまったく売主と買主の2者だけによって動いているというわけではない。イーサリアムでは、ブロックチェーン自体の動作がそうであるように、コントラクトを実行する特定の主体はいないが、大勢が同じコードを実行することによって、あたかもコントラクトが空中で自動的に実行されているかのようなイリュージョン（幻想）を生み出している。

　課題としては、もちろん、これがあくまで極めて単純化されたモデルであるという点は無視してはならない。しかし、現実により即して適合するようにモデルを複雑化することは、基本的にはそのようにコントラクトのコードを記述すればよいことなので、本質的な問題とは言えないのではないかと筆者は考えている。

　むしろ、単純化していることにより見えてくる、この仕組み自体が持っている課題を注視すべきだろう。そうした意味での課題のひとつは、コードを実行している大勢が必ずしも均質であることが保証されず、より強力な権限を持つ誰かの意図により実行を妨害されてしまうおそれがある、ということである。

　実際に、イーサリアムでは、過去にネイティブ通貨の大量の盗難事件が起きた際に、開発コミュニティやマイナーたちといった、プラットフォームを提供する側の意思によって、事件そのものがなかったことにされたという経緯がある[5]。犯罪者の権利をどこまで認めるかという議論はありうるかもしれないが、そもそも誰が犯罪者であるかを決める権利がプラットフォームにあるかどうかということも含めて、こうした対応が可能であること自体が公正性の面で問題となりうる。

5　おわりに

　本稿では、スマートコントラクトによる土地売買について、簡単なモデ

---

5)　「THE DAO事件」で検索されたい。

ルによる仕組みを紹介することを通して考えた。

　中盤で紹介したように、ブロックチェーン技術に関する課題は山積している。しかし、筆者はそうした課題は必ず解決されると信じている（その過程で「ブロックチェーン」という特定の技術は捨てることになるかもしれないが、新しい技術により、ブロックチェーンが目指したものが実際に実現できると考えている）。

　本稿では、簡易な例であるものの、従来は売主、買主、不動産会社、司法書士、銀行員の5者が必要だった土地売買の取引について、そのほとんどの部分が自動化され、売主と買主という当事者たちだけによって取引が実行されうる可能性を示した。

　そうした自動化が現実になる近い未来、土地登記、銀行、不動産仲介、といった役割の存在意義が改めて問われることになるだろう。筆者には、ブロックチェーン技術のようなデジタル技術の発展の行く末に、私たち一人ひとりが、本当は何をしたいのかが問われる時代が訪れるように思えてならない。

第7章　スマートコントラクトによる土地売買を考える　　　143

第8章

不動産テックの展開と
消費者の利用意向

一般財団法人土地総合研究所 研究員
白川 慧一

1　はじめに

　近年のAI（人工知能）、ディープラーニング（深層学習）技術の進展やクラウドサービスの拡充、IoT（Internet of Things）、ビッグデータ活用の進展などを背景に、ITを用いて不動産業の新たなサービスを提供する「不動産テック（Real Estate Tech、Property Tech）」が広がりつつある。不動産テックは、2000年代後半から米国を中心に拡大し、国内においても2015年頃から、IT企業を中心とした異業種からの参入、スタートアップ企業の誕生が相次いでいる。

　住宅取引におけるインターネット利用は、日本においても1990年代後半から既に進んでいた。例えば不動産流通経営協会（FRK）が立ち上げた不動産の検索サイトHomenavi（1997年～）以外にも、週刊賃貸（CHINTAI）（1996年～）、HOME ADPARK（1996年～）、SUUMO（1996年～、当時は住宅情報、ISIZE）、HOME'S（1997年～）、at home（1999年～）などの物件検索サービスや、マザーズオークション（2000年～）などの物件をオンラインで直接取引する不動産オークションサイトが存在していた[1]。不動産流通

研究所（2001）によると、2001年時点で不動産情報サイトは3,000以上立ち上がっており、人工知能（AI）を使った不十分な・疑わしい物件情報をチェックするシステムや、ユーザーの希望条件に応じた自動マッチングシステムを導入している企業も存在した[2]。

このようなインターネットの普及が不動産業にもたらした変化に対し、不動産テックがもたらした新しさを端的にまとめれば、(1) 人工知能（AI）、とりわけ深層学習（ディープラーニング）の発達により、物件査定、マッチング、業者探索などの人間が行ってきた業務を自動提供できるようになったこと、(2) 不動産取引業務のクラウド化、マルチプラットフォーム対応により、電子署名による契約のオンライン化やスマートコントラクト、あるいはシェアリング、クラウドファンディングなどの新たなサービスの提供が可能になったこと、(3) IoT、ビッグデータ活用の進展により、例えば仮想現実（VR）、拡張現実（AR）、スマートロックなどを活用した物件内覧の効率化が可能になると同時に、不動産情報への迅速、安価かつ公正なアクセスが可能になったこと、以上の3点に整理できる。

不動産テックがもたらした変化は、Baum（2017）の用語法に従えば、1980〜2000年に起こったパーソナルコンピューターの導入やインターネットの普及などの第一の波（PropTech 1.0）と対比されるところの、2000年以降オンライン住宅売買から始まった第二の波（PropTech 2.0）、ブロックチェーンなどの次世代の波（PropTech 3.0）に該当するものである。Baumが指摘するように、PropTech 1.0が技術をオープンにせず協業もしない囲い込み型のサービスであったのに対し、PropTech 2.0以降はクラウドコンピューティング、ユビキタスな接続環境、オープンソース、マルチプラットフォームに支えられている点で、両者は明確に区別される。

不動産テックにおける技術的進歩は、直接的には仲介業者の経費削減と

---

1) いずれも各運営会社ホームページの会社情報の沿革に基づく。浅見（1997）、八木（2001）もあわせて参照。なお、全国宅地建物取引業協会連合会（全宅連）会員の一部の宅建協会支部では、インターネットによる物件情報の公開の取り組みを行っていた。東京での取り組みは不動産流通研究所（2001）を、関西での取り組みは不動産流通近代化センター（1998）を参照。
2) 営業支援向けの不動産価格査定サービスも当時から提供されていた。不動産流通研究所（2002b）参照。

効率化に寄与する。他方で利用者にとっても、物件にかかる情報取得費用や取引費用の低下に加えて、売主は自ら物件を査定し売却の判断ができるようになるほか、買主は取引においてより有利となる情報を得られるようになるなどの、直接の利益がある。

本章では、不動産テックの現状について、諸外国と日本の事例との比較考察を行うとともに、不動産を取引する当事者である消費者らが、これら不動産テックのサービスをどのように評価し、利用したいと思っているか、アンケート調査をもとに明らかにする。

2　不動産テックの展開

（1）諸外国および日本における不動産テックの現状

本節では、諸外国における不動産テックの展開を整理した米英2つのレポート（Saiz and Salazar［2017］、Baum［2017］）、ならびに日本の不動産テック企業・サービス一覧（本書巻末の資料を参照）をもとに、不動産テックの現状を整理する。

1つ目のレポートは、マサチューセッツ工科大学不動産研究センターのAlbert Saiz氏とArianna Salazar氏が、2017年2月から8月にかけてCapital One社の支援を受けてまとめたものである。レポートでは、米国においてこの先数十年の間に予想される人口増（移民を含む）と、アフォーダブル住宅の問題解決に向けた取り組みを重点的に記述したのち、不動産分野への技術革新の影響を、大きく3つのカテゴリに分けて、具体例と共に整理している。

第1のカテゴリは、「都市環境への影響」である。シェアリングエコノミーなど不動産の利用そのものの変化や、グリーン不動産、自動運転など、都市全体に影響を及ぼし得る新たなサービスが挙げられている。第2のカテゴリは、「スマートビルディングとIoTの応用」である。ビルに関する情報の収集分析やネットワークの最適化に向けたサービスが挙げられている。そして第3のカテゴリが、著者らが「Real Tech」と呼ぶ、不動産取引自体

図表1 不動産テックの構成要素とフィンテック、外部のテクノロジーとの関係（Baum,2017）

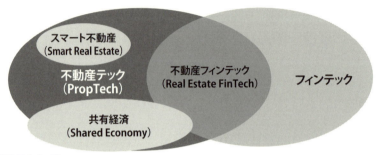

を変えていく新技術の応用である。物件取引サイトのほか、仲介業者・所有者向けの業務効率化サービス、価格の自動推計（AVM：Automated Valuation Models）、クラウドファンディング、ブロックチェーン、拡張現実（AR）・ヴァーチャルリアリティ（VR）などが挙げられている。

　もう一つのレポートは、オックスフォード大学のAndrew Baum教授が2017年4月にまとめたものである。不動産テック（PropTech）について著者は、スマート不動産（Smart Real Estate）、共有経済（Shared Economy）、不動産フィンテック（Real Estate FinTech）という、大きく3つの要素から構成されると整理する。

　スマート不動産は、ビルや都市全体の情報取得やコントロールなど不動産の管理を進めるものである。共有経済は、オフィスや店舗、倉庫、住宅など不動産の利用に関わるものである。不動産フィンテックは、不動産の取引を促進するものであり、いわゆるフィンテック（金融分野でのITの革新的利用）の中でも不動産に関わるものを指す。加えて、隣接して影響を与える外部のテクノロジー（Exogenous Tech）として、ビルやインフラの建設・デザインに関わるテクノロジー（Construction Tech［ConTech］）があると整理する（図表1）。共有経済と不動産フィンテックは不動産の情報と取引に影響を及ぼし得るのに対し、スマート不動産は不動産の情報と管理に影響を及ぼし得るという違いがある、と著者は指摘する。

これら2つのレポートにおいて挙げられていたサービス提供事例、および筆者が整理した日本の不動産テック企業・サービス一覧について、それぞれの分類の対応関係ごとに集計整理すると図表2のようになる。以下に述べるような多少の特徴は見られるものの、おおむね対応した内容のサービスがそれぞれの地域で提供されていることが分かる。

①テクノロジーを用いた都市、土地利用そのものの変革をもたらすサービス、取り組み

図表2上段には、シェアリングエコノミーに代表されるような、技術革新による都市、土地の新しい利用に関わるサービス、取り組みが挙げられている。

シェアリングエコノミーに関連するところでは、Airbnbに代表される住居の貸し借りマッチングのみならず、ポップアップ店舗を提供するAppear HereやWe Are Pop Up、小売スペースの一時貸しを行うBulletin、レストランの席を仕事用に一時利用できるSpacious、トランクルームの貸し借りを行うSharemystorageやStorematesなど、スペースの共有や一時利用を可能とする様々な取り組みが進みつつある。

また、WeWorkに代表される、オフィススペースの共有やコラボレーションを促進するコワーキング（co-working）のサービスや、OpenDoor Co-Living、The Collectiveなどの、リビング・キッチンを共有するコリビング（Co-living）のサービスが、特に米国において数多く提供されている。

②IoTを活用した不動産のインテリジェント化、スマート化に関わるサービス、取り組み

図表2中段には、IoT（Internet of Things）を活用したビル管理のインテリジェント化、スマートフォンによる室温制御を行うNest、住宅向け騒音センサのNoiseAware、家庭内電力モニタのSense、AmazonやGoogleなどが提供するスマートホーム、さらには住宅向け以外にも、センサを用いた職場環境の改善、データセンター、スマートシティに関わるサービス、取り組みが挙げられている。

図表2　米英のレポートに示された事例分類と日本の事例分類との対応関係

大分類	Saiz & Salazar（2017）（米）	Baum（2017）（英）	日本の事例（筆者整理）
テクノロジーを用いた都市、土地利用そのものの変革をもたらすサービス、取り組み	**都市環境への影響** ・革新的な不動産の利用（14） ・新しい空間利用のモード（7） ・交通、流通イノベーションと不動産（1） ・グリーン不動産	**共有経済** ・短期賃貸、コリビング、宿泊業（9） ・共有ワークスペース、コワーキング（11） ・その他のシェアリングエコノミー（8）	・シェアリング（21）
IoTを活用した不動産のインテリジェント化、スマート化に関わるサービス、取り組み	**スマートビルディング、IoT** ・ビルの自動制御（3） ・ビル利用情報の分析（2） ・スマートホーム（1） ・小売業への応用（1） ・オフィス空間への応用（3） ・IoTデータのインフラ、公共サービスへの応用（6） ・都市のネットワーク化（1） ・市民参画（4）	**スマート不動産** ・スマートビルディング（8） ・スマートシティ（3） ・データセンター（4）	・スマートシティ（5） ・IoT（33）
不動産取引にテクノロジーを応用する取り組み	**Real Tech** ・物件取引サイト（19） ・仲介業者、専門家向けサービス（5） ・データのクラウドソーシング、直接入力（3） ・価格の自動推計（AVM）（6） ・ビッグデータを用いた市場調査（3） ・ビル管理・経営への応用（8） ・3Dレンダリング、AR、VR（4） ・Building Information Modeling（BIM）（3） ・クラウドファンディング（5） ・ゾーニング、不動産開発の承認プロセスへの応用（2） ・ブロックチェーン（2）	**不動産フィンテック** ・調査、情報分析（27） ・住宅取引（売買）（13） ・住宅取引（賃貸）（9） ・商業用不動産のマネジメント（7） ・不動産の二次流通市場（7） ・クラウドファンディング（12） ・モーゲージテック（22） **ブロックチェーン**（8）	・物件情報・メディア（16） ・価格可視化・査定（21） ・マッチング（26） ・業務支援（43） ・不動産情報（7） ・VR（22） ・クラウドファンディング（6） ・ローン・保証（7） ・ブロックチェーン（6）

（注）カッコ内の数字は、報告書で挙げられたサービス提供事例の数

日本においては、ライナフの提供する「スマート内覧」や、イタンジの提供する「内見予約くん」など、スマートキーを物件内覧に活用する事例が多く、また住宅関係のIoTがスタートアップ企業よりも既存のホームビルダー主導で提供される事例が多い点が特徴である。

　スマートシティについては、都市内で集められたIoTデータを用いた歩行者流動の改善や、ネズミ駆除の効率化、インフラやごみ収集などの公共サービスの改善、市民参画や起業を促進するための通信インフラ整備などの事例が挙げられている。日本では、日本橋室町地区など、個別の大手デベロッパーによるエリアマネジメントと絡めた試験的な取り組みが中心となっている。

③不動産取引にテクノロジーを応用する取り組み

　図表2下段は、不動産取引にテクノロジーを応用する取り組みである。ZillowやTrulia、Zoopla、Rightmoveなどが提供する物件のオンライン取引・マッチング（商業用不動産向けではCoStarなど、賃貸住宅向けではZumperなどが提供）、ZillowのZestimateに代表される売買・賃貸価格や利回りなどが提供する価格可視化・査定、住宅ローン査定、EnodoやRentRange（いずれも投資効果予測）などが提供するビッグデータを用いた市場調査、ZoomProspector（立地選定）やCompstack、Megalytics（いずれも近隣のビル賃料分析）、CrediFi（投資判断）、VTS（テナント情報管理）などが提供するBtoBの不動産取引業務・管理業務支援、Matterportなどが提供するVR・AR、RealtyMogulやFundriseなどが提供するクラウドファンディング、RealtySharesやTrussle、LendInvestなどが提供するP2P不動産レンディング、オンライン契約、イリノイ州クック郡での公的な不動産取引記録の自動化（Velox.REとの協業による）などのブロックチェーンを用いたサービス、取り組みが挙げられている。

　これら諸外国の事例に類似するサービスは、日本においても同様に提供されつつある。日本での特徴としては、価格可視化・査定を行うサービスの数が諸外国よりやや多く、個別企業ごとに多彩な自動推計（AVM）が数多く提供されている。また、居住用不動産の売買と賃貸の両方について価

格可視化・査定サービスを同時提供する企業が見られる点も特徴である。

マッチングを促進するサービスについては、居住用、商業用にかかわらず、いずれの国でも複数提供されているものの、ヤフーとソニー不動産が提供する「おうちダイレクト」やHousmartが提供する「カウル」など、日本において散見される仲介手数料率の低減を売りとするサービスは、少なくとも両レポートの事例には確認できない。

業務支援の分野においては、日本では、ZENRINやIESHIL CONNECTなどが提供する不動産仲介営業担当者向けの災害リスク情報の提供や、data terminalなどが提供するビッグデータを用いたおとり広告のチェックサービスが見られる点が特徴である。また、米国ではZonarやEnvelopeなど（いずれもNY市限定）、開発時の建築規制に沿った設計や合意形成、公共セクターとの協働を支援するサービスまで提供され始めているなど、業務支援の領域においては尚も広範なテクノロジーの応用の余地が存在することが示唆される。

（2）日本と米国との間での不動産取引をとりまく環境の違い[3]

日本で提供されている不動産取引へのテクノロジーの応用例のうち、少なくとも米国の事例との違いについては、ビッグデータの利用可能性と不動産流通業における分業の有無により説明できる部分が多いと考えられる。

①ビッグデータの利用可能性

米国では、地域の不動産物件情報を共有する会員制組織であるMLS（Multiple Listing Service）という民間団体がそれぞれの地域ごとに存在し、加入する不動産業者向けに、物件情報、業務支援、顧客管理などの各種サービスを提供している。MLSでは、加入する不動産業者に対し、売り手による依頼を受けてから24〜48時間以内の物件登録義務のほか、使用する契約書の様式、囲い込み（pocket listing）の禁止、物件のステータス管理

---

3) 日本と米国との違いについては、小林（2017）、中川（2012）、不動産流通経営協会（2015）、一般財団法人土地総合研究所「不動産流通に関する研究会報告（H29.3.31）」一般財団法人土地総合研究所編『既存住宅市場の活性化』東洋経済新報社、pp. 326-365もあわせて参照。

の徹底、誇大広告の禁止などのルールを課し、会員相互の通報や違反者への罰金などによりルールの遵守を徹底している。加えて、売買履歴や価格、固定資産税評価額などの不動産の公的な履歴情報をデータベース化する民間サービスから、網羅性の高い、正確な情報を入手することができる[4]。こうしたMLSや民間企業の存在、全米不動産協会（NAR；National Association of Realtors）による教育啓発活動などにより、ほぼ全ての不動産取引情報が登録されるようになっている。

　これに対して日本では、指定流通機構（レインズ［REINS；Real Estate Information Network System]）という会員不動産会社が不動産情報を交換できるシステムが存在する。しかしながら、レインズへの登録は、専属媒介契約については契約締結日から7日以内、専属専任媒介契約については契約締結日から5日以内の登録が宅地建物取引業法により義務付けられているものの、一般媒介契約については登録を義務付けられていない。また、不動産を売買した際の所有権の移転登記も任意であるため、全ての不動産取引情報を網羅的に含むことが保証されるデータベースが存在しない。

　ビッグデータの利用可能性は、特に価格可視化・査定を行うサービスの提供方法に大きな影響を及ぼす。米国では、例えばZillowのZestimateが全米の1億軒以上の物件データ（住宅の間取りや課税記録、売買価格、近隣の直近での取引価格を含む）をもとに価格を自動推計している[5]のに対し、日本では、自社で独自に集めた物件取引情報や、国土交通省が不動産購入者へのアンケート調査をもとに公表する不動産取引価格情報提供システム[6]のデータ（約300万件）などを用いて推計を行っており、一部のサービスでは大都市圏など提供範囲が限られているのが現状である。

②不動産流通業における分業の有無

　米国では、エスクロー（仮契約後、引渡しまでの条件調査、精算など）、イン

---

4)　米国のMLSと不動産情報の活用の実態については、和田ますみ「米国不動産業におけるMLSと不動産テックの最新動向」本書第12章を参照。

5)　Zillow社ホームページによる。https://www.zillow.com/zestimate/

6)　http://www.land.mlit.go.jp/webland/servlet/MainServlet

スペクション（建物検査）、地盤チェック、物権権限調査・瑕疵保証、鑑定評価、住宅ローンなどを担う専門業者が存在している[7]。

これに対し、日本では、不動産鑑定業務や、2016年6月の宅地建物取引業法の改正により仕組みが位置付けられた建物検査（ホームインスペクション）など一部の専門業務を除けば、全ての業務を不動産仲介業者が一社で担っている。不動産仲介業者は、売り手と買い手のマッチングのみならず、売買・賃貸契約の媒介、トラブルの対応、物件の検査、登記等の権限調査、住宅ローンなどの外部の専門業者の紹介までを担う。担当する人間も、宅地建物取引士が行うことが法律で義務付けられている重要事項説明などを除けば、その役割分担は未分化である。

前段で挙げられていたサービス提供事例の多くは、IoTによる居室管理、マッチング、価格の自動推計、市場調査、テナント管理、VR・AR、不動産投資、資金調達、オンライン契約など、物件の取引、契約から管理に至るまでの間の、特定のプロセスにおける技術革新によってもたらされたものである。今後、不動産テック企業・サービス提供が進展するかどうかは、既存の不動産流通業のビジネスを分業、再編した上で、個別プロセスに適した形でテクノロジーを導入できるか否かによって左右されると考えられる[8]。

③物件の探索方法の違い

こうした違いを背景に、日本と米国との間では物件の探索方法に違いが生じている。米国におけるアンケート調査結果[9]からは、物件を新聞や雑誌で探す人が減少している一方で、オンラインで業者とやりとりする人が増えてきていることが明らかとなっている。調査によると、消費者が家を

---

7) 中川（2017）は、日米の不動産分野におけるテクノロジーの導入状況の違いとして、MLSの存在とともに、不動産業者のテクノロジーに関するリテラシーの高さを挙げている。
8) テクノロジーを活用した新サービスの登場による、不動産業のアンバンドリング化（機能の分解）とリバンドリング（再統合）については、谷山智彦「不動産テックの現状と展望」本書第2章を参照。
9) Real Estate Tech Trends - Annual Report 2016 http://propertiesonline.com/Reports/annual-real-estate-trends-report.pdf

図表3 米国において消費者が家を探す際に利用した情報源（複数回答）

	2007年調査	2015年調査
インターネット	84%	92%
仲介業者	84%	87%
道路脇の広告	59%	51%
オープンハウス	50%	48%
モバイルアプリ	1%	57%
モバイル検索	1%	54%
動画サイト	1%	29%
新聞	48%	20%
雑誌	31%	13%

（出所）Real Estate Tech Trends - Annual Report 2016（PropertiesOnline.com）

図表4 日本における物件の探索方法（筆者調査、複数回答）

	合計 （N＝1,082）	家を売買した （N＝535）	家を借りた （N＝547）
不動産業者の店舗に直接出向く	584（54.0%）	228（42.6%）	356（65.1%）
インターネットで探す	489（45.2%）	161（30.1%）	328（60.0%）
新聞等の折り込み広告を見る	233（21.5%）	185（34.6%）	48（8.8%）
住宅情報誌・雑誌で探す	216（20.0%）	123（23.0%）	93（17.0%）
家族・友人・知人の紹介で	216（20.0%）	123（23.0%）	93（17.0%）
以前からつきあいのある業者からの紹介で	92（8.5%）	55（10.3%）	37（6.8%）
現地を通りかかって	158（14.6%）	103（19.3%）	55（10.1%）
その他	29（2.7%）	18（3.4%）	11（2.0%）

　探す際に利用した情報源では、インターネットが92％にも達しており、新聞20％、雑誌13％との間に大きな差がある。また、2007年から2015年の間だけでも、モバイルアプリ、モバイル検索、動画サイトの利用率が急上昇している（図表3）。

　後述する筆者が2017年に行った調査結果（図表4参照）と、この米国で

の調査結果とを比較すると、新聞や雑誌といった従来型のメディアを用いた物件探索においては、新聞が米国20％に対し日本21.5％、雑誌が米国13％に対し日本20.0％と、日米でほとんど違いがない一方で、物件探索におけるインターネットの利用率については、米国92％に対し日本45.2％と、大きな差が生じている。また、図表4に示すように、筆者の調査では、売買物件より賃貸物件を探す場合においてインターネットの利用率が高いものの、それでも60.0％と米国には遠く及ばない。

3 不動産テック企業・サービスの利用意向と効果に対する認識[10]

　ここまで不動産テックの現状を、日本と諸外国とりわけ米国とを比較しつつ整理してきた。前節で挙げた多様な不動産テック企業・サービスは、実際に日本においてどの程度浸透し得るだろうか。本節では、筆者らが行ったアンケート調査をもとに、消費者の不動産テック企業・サービスの利用意向と効果に対する認識を明らかにする。

　アンケート調査は、2017年1月に（株）インテージのオンライン調査モニターを対象に、インターネットを通じて行った。全国の20歳以上の不動産取引経験者（住宅用の不動産に限定し、事業用不動産（倉庫、店舗、工場等）を除外）を対象とするため、事前調査（スクリーニング）を実施した。1,583名に調査依頼し、有効回答数は1,082名（回収率68.4％）であった。そのうち、家を売買したのは535名、家を借りたのは547名であった。

（1）実際に提供されている不動産テック企業・サービスの利用状況

　実際に提供されている26の不動産テック企業・サービス[11]について、知っているものはあるか、どの程度利用しているかを質問したところ、いずれも知らないと答えた人は888名（82.1％）であった。言い換えれば、こ

---

10)　本節の内容は、白川慧一・大越利之「Real Estate Techサービス提供の実態と地方圏における活用可能性に関する研究」平成28年度国土政策関係研究支援事業最終報告書の分析に加筆修正したものである。

れらの不動産テック企業・サービスのうち、いずれかを知っている人は2割弱であった。

このうち、最も認知度が高かったHOME'Sプライスマップでも、サービスについて知っている人は81名（7.5%）、うち実際に利用したことがある人は7名（0.6%）という結果であった。

（2）不動産テック企業・サービスの利用意向

実際に提供されている不動産テック企業・サービスは多くの場合、様々な機能の複合体である。具体的なサービス名で利用意向を質問すると、どのような内容のサービスを受けたくて利用しているのかを特定することができない。そこで、不動産テック企業・サービスの利用意向について、具体的なサービス名とは別に、サービス内容を11類型に一般化した上で質問した。

結果を図表5に示す。どのサービスも、有料でも使いたい人は1〜2%程度、無料なら使いたい人であれば6〜7割程度であった。直接取引、業者の自動提案サービスだけはやや少なく、5割前後であった。

（3）不動産テック企業・サービスの効果に対する認識

また、こうした不動産テック企業・サービスの利用意向の背景を探るために、サービスがどういう効果を有すると思うか、サービスがもたらす効

---

11) 「Amazonリフォームストア」（アマゾンジャパン株式会社）、「IESHIL（イエシル）」（株式会社リブセンス）、「ietty」（株式会社ietty）、「ウチコミ！」（株式会社アルティメット総研）、「ウチノカチ」（おうち研究所）、「おうちダイレクト」（ヤフー＆ソニー不動産）、「ノマド」（イタンジ株式会社）、「VALUE」（イタンジ株式会社）、「カウル」（株式会社ハウスマート）、「Gate.」（リーウェイズ株式会社）、「コムるくん」（ハウスコム株式会社）、「GEEO」（株式会社おたに）、「スマート内覧」（株式会社ライナフ）、「Smoola（スモーラ）」（マンションリサーチ株式会社）、「TATERU（タテル）」（株式会社インベスターズクラウド）、「Do！BANK（ドゥ！バンク）」（株式会社ハウスドゥ）、「houzz（ハウズ）」、「ハウスログ」（株式会社houselog）、「HowMa（ハウマ）」（株式会社コラビット）、「Bing不動産」（マイクロソフト株式会社＆株式会社リクルート住まいカンパニー）、「ふじたろう」（プロパティエージェント株式会社）、「HOME'Sプライスマップ」（株式会社ネクスト）、「マンションマーケット」（株式会社マンションマーケット）、「住まいサーフィン」（スタイルアクト株式会社）、「リノベる。」（リノベる株式会社）、「LIMIA（リミア）」（順不同。社名、サービス名は調査時点のもの）。

図表5 不動産テック企業・サービスの利用意向

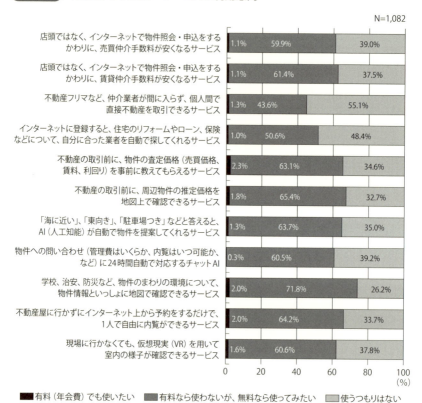

果を具体的な19項目に落とし込み、5件法で質問した。

結果を図表6に示す。多少手間をかけても物件のまわりの環境を調べておきたい人と、実際に内覧に行ってみないとインターネットで調べるだけでは分からないと答えた人は、「そう思う」「ややそう思う」含めて7割強に、また多少割高でも過去の履歴情報が欲しい人は5割強に上り、物件情報の収集に積極的な回答が多く見られた。

一方で、営業マンが取引相手や物件について対面で教えてくれると思う人と、内覧のときに営業マンの言いなりになりたくない人がそれぞれ5割強ずつおり、仲介業者を信用する人と信用しない人が混在している。

図表6 不動産テック企業・サービスの効果に対する認識

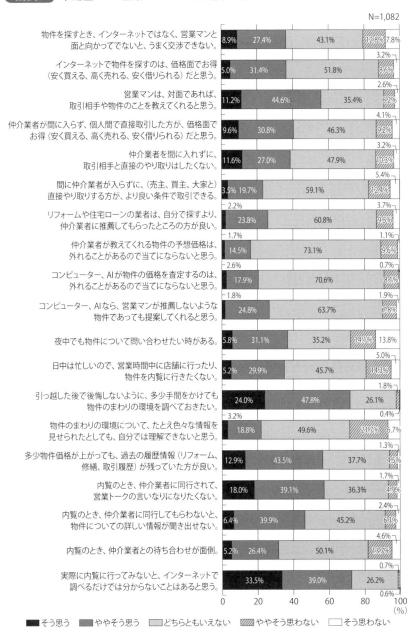

第8章 不動産テックの展開と消費者の利用意向

（4）不動産テックサービスの利用意向を決定する要因の検証

不動産テック企業・サービスの利用意向を被説明変数、不動産テック企業・サービスの効果に対する認識を説明変数としたロジスティック回帰分析の結果を図表7に示す。

「営業マンは、対面であれば、取引相手や物件のことを教えてくれると思う」、「実際に内覧に行ってみないと、インターネットで調べるだけでは分からないことはあると思う」といった項目は、オンライン自動提案型のサービスに対して負に有意に作用した。これは、現場の情報を重視することと、不動産テック企業・サービス利用意向の強さは矛盾しないことを示すものであると考えられる。

そして、全11サービスに共通して、「夜中でも物件について問い合わせたい時がある」が正に有意に作用した。他方で、「日中は忙しいので、営業時間中に店舗に行ったり、物件を内覧に行きたくない」が有意に作用していないこととあわせると、昼夜問わず問い合わせができる、かつ現地に行って確かめたい、という両方の希望が揃うことが、不動産テック企業・サービスのニーズをつくっていると考えられる。

（5）統制要因による影響

以上の分析結果について、さらに、ほかの要因による影響を検証するため、統制要因6項目を追加して、同様のロジスティック回帰分析を行った。

統制要因として用意したのは、「戸建てダミー」（最後に取引した物件が一戸建てなら1、共同住宅などなら0）、「売買賃貸ダミー」（過去に家を売買したなら1、家を借りたなら0）、「大都市圏ダミー」（三大都市圏［埼玉、千葉、東京、神奈川、愛知、京都、大阪、兵庫］に居住なら1、それ以外なら0）、そして回答者の属性として、「同居人数」（1人～6人以上）、「年齢」（20代～70歳以上、年代の数字を代入）、「世帯収入」（各階層の中間値［例えば400～500万円未満の場合は、450万円］に置き換え、不明の場合は最頻値［450万円］に置き換え）である。

ロジスティック回帰分析の結果を図表8に示す。売買賃貸ダミーは、大半の不動産テック企業・サービスの利用意向において負に有意に作用した。

これは、家を借りる人の方によりニーズがあることを示している。

大都市圏ダミーは、個人間直接取引サービスと、周辺物件の価格推定サービスにおいてのみ、正に有意に作用した。言い換えれば、両サービスのほかは利用意向に地域差がなく、大都市圏、地方圏を問わずこれらのサービスが利用され得ることを示唆している。

他方で、同居人数は有意に作用しておらず、世帯年収についても、周辺環境の地図による確認サービスを除いて有意に作用しなかった。同居人数、世帯年収といった世帯の規模は、サービスの利用意向にあまり大きく影響していない。

年齢については、オンライン自動提案型のサービスに対し負に有意に作用しており、若い人ほどオンラインサービスを積極的に利用する傾向を示している。

4 おわりに

不動産業へのテクノロジーの応用は、1980年代以降のパーソナルコンピューターの導入やインターネットの普及に伴い漸進的に導入されてきた。これに対し、昨今のAI・IoT、ビッグデータの活用は、この動きを加速させると同時に、広範な新規サービスを生み出しており、その影響は不動産に限らず都市全体にまで及びつつある。例えばオフィススペースの共有や一時利用からは、一連の働き方改革やテレワークへの転換とあいまって、オフィスビルへのニーズの変化、ひいては都市の中心にオフィスを設けるという都市構造それ自体への影響さえも想定され得る。諸外国と日本における不動産テックの事例の整理からは、特に米国との間でビッグデータの利用可能性や不動産流通業における分業の有無の違いを背景とした差がありつつも、不動産テック企業・サービスがあらゆる領域で浸透しつつある日本の現状が明らかとなった。

アンケート調査の結果からは、不動産テック企業・サービス利用意向の強さは、現場で得られる情報を重視することと矛盾しないことが示された。

図表7　ロジスティック回帰分析結果

逆転項目	（5段階スケール：そう思う=5〜そう思わない=1）（逆転項目の場合は、そう思う=1〜思わない=5）	店頭ではなく、インターネットで物件照会・申込をするかわりに、売買仲介手数料が安くなるサービス	店頭ではなく、インターネットで物件照会・申込をするかわりに、賃貸仲介手数料が安くなるサービス	不動産フリマなど、仲介業者が間に入らず、個人間で直接不動産を取引できるサービス	インターネットに登録すると、住宅のリフォームやローン、保険などについて、自分に合った業者を自動で探してくれるサービス
	（切片）	−4.24*** (1.11)	−3.80*** (1.13)	−3.37** (1.06)	−2.73** (1.00)
○	物件を探すとき、インターネットではなく、営業マンと面と向かってでないと、うまく交渉できない。	0.33*** (0.08)	0.32*** (0.08)	0.14. (0.07)	0.14. (0.07)
	インターネットで物件を探すのは、価格面でお得（安く買える、高く売れる、安く借りられる）だと思う。	0.33*** (0.09)	0.36*** (0.10)	0.06 (0.09)	0.17. (0.09)
○	営業マンは、対面であれば、取引相手や物件のことを教えてくれると思う。	−0.15 (0.09)	−0.07 (0.10)	−0.09 (0.09)	−0.24** (0.09)
	仲介業者が間に入らず、個人間で直接取引した方が、価格面でお得（安く買える、高く売れる、安く借りられる）だと思う。	0.11 (0.09)	0.12 (0.09)	0.44*** (0.09)	0.13 (0.09)
○	仲介業者を間に入れずに、取引相手と直接のやり取りはしたくない。	0.05 (0.09)	0.04 (0.09)	0.50*** (0.09)	0.12 (0.08)
	間に仲介業者が入らずに、（売主、買主、大家と）直接やり取りする方が、より良い条件で取引できる。	−0.09 (0.10)	−0.13 (0.10)	0.04 (0.10)	−0.09 (0.09)
○	リフォームや住宅ローンの業者は、自分で探すより、仲介業者に推薦してもらったところの方が良い。	0.07 (0.10)	0.11 (0.10)	−0.02 (0.10)	−0.19* (0.10)
	仲介業者が教えてくれる物件の予想価格は、外れることがあるので当てにならないと思う。	0.09 (0.13)	0.04 (0.13)	−0.03 (0.13)	0.11 (0.13)
○	コンピューター、AIが物件の価格を査定するのは、外れることがあるので当てにならないと思う。	0.14 (0.12)	0.16 (0.13)	0.05 (0.12)	0.19 (0.12)
	コンピューター、AIなら、営業マンが推薦しないような物件であっても提案してくれると思う。	0.08 (0.11)	0.16 (0.11)	0.05 (0.11)	0.13 (0.11)
	夜中でも物件について問い合わせたい時がある。	0.35*** (0.07)	0.35*** (0.07)	0.24*** (0.07)	0.18** (0.06)
	日中は忙しいので、営業時間中に店舗に行ったり、物件を内覧に行きたくない。	−0.03 (0.09)	0.03 (0.09)	0.06 (0.09)	0.12 (0.08)
	引っ越した後で後悔しないように、多少手間をかけても物件のまわりの環境を調べておきたい。	0.09 (0.11)	0.14 (0.12)	−0.06 (0.11)	0.00 (0.11)
○	物件のまわりの環境について、たとえ色々な情報を見せられたとしても、自分では理解できないと思う。	0.06 (0.09)	0.03 (0.09)	−0.06 (0.08)	0.03 (0.08)
	多少物件価格が上がっても、過去の履歴情報（リフォーム、修繕、取引履歴）が残っていた方が良い。	0.07 (0.10)	−0.02 (0.10)	−0.15 (0.10)	0.02 (0.09)
	内覧のとき、仲介業者に同行されて、営業トークの言いなりになりたくない。	−0.05 (0.09)	−0.12 (0.09)	−0.06 (0.09)	0.09 (0.09)
○	内覧のとき、仲介業者に同行してもらわないと、物件についての詳しい情報が聞き出せない。	0.15 (0.10)	0.06 (0.11)	−0.04 (0.10)	−0.03 (0.09)
	内覧のとき、仲介業者との待ち合わせが面倒。	0.14. (0.09)	0.14 (0.09)	0.13 (0.09)	0.00 (0.08)
○	実際に内覧に行ってみないと、インターネットで調べるだけでは分からないことはあると思う。	−0.33** (0.11)	−0.47*** (0.11)	−0.16 (0.11)	−0.06 (0.10)

※（　）内は標準誤差。Signif. codes: 0 '***' 0.001 '**' 0.01 '*' 0.05 '.' 0.1

N=1,082

不動産の取引前に、物件の査定価格（売買価格、賃料、利回り）を事前に教えてもらえるサービス	不動産の取引前に、周辺物件の推定価格を地図上で確認できるサービス	「海に近い」、「東向き」、「駐車場つき」などと答えると、AI（人工知能）が自動で物件を提案してくれるサービス	物件への問い合わせ（管理費はいくらか、内覧はいつ可能か、など）に24時間自動で対応するチャットAI	学校、治安、防災など、物件のまわりの環境について、物件情報といっしょに地図で確認できるサービス	不動産屋に行かずにインターネット上から予約をするだけで、1人で自由に内覧できるサービス	現場に行かなくても、仮想現実（VR）を用いて室内の様子が確認できるサービス
−2.26* (1.09)	−3.41** (1.13)	−2.93** (1.10)	−2.75** (1.06)	−3.23** (1.24)	−4.39*** (1.19)	−5.17*** (1.12)
0.20* (0.08)	0.19* (0.08)	0.12 (0.08)	0.01 (0.07)	0.12 (0.09)	0.25** (0.08)	0.17* (0.07)
0.22* (0.10)	0.16 (0.10)	0.20* (0.10)	0.09 (0.09)	0.21. (0.11)	0.27** (0.10)	0.28** (0.09)
−0.18. (0.10)	−0.30** (0.10)	−0.21* (0.10)	−0.35*** (0.09)	−0.26* (0.11)	−0.13 (0.10)	−0.24* (0.09)
0.17. (0.10)	0.15 (0.10)	0.20* (0.10)	0.04 (0.09)	0.16 (0.11)	0.22* (0.10)	0.16. (0.09)
0.07 (0.09)	0.09 (0.09)	0.03 (0.09)	0.05 (0.08)	0.01 (0.10)	0.02 (0.09)	0.06 (0.09)
−0.14 (0.10)	−0.11 (0.10)	−0.20* (0.10)	−0.17. (0.10)	−0.17 (0.12)	0.08 (0.10)	−0.05 (0.10)
−0.10 (0.10)	0.00 (0.11)	0.00 (0.10)	0.08 (0.10)	0.04 (0.12)	0.09 (0.11)	0.19. (0.10)
−0.05 (0.14)	0.12 (0.14)	0.15 (0.14)	0.09 (0.13)	−0.05 (0.15)	−0.24. (0.14)	0.00 (0.13)
0.19 (0.13)	0.29* (0.13)	0.27* (0.13)	0.25* (0.12)	0.19 (0.14)	−0.02 (0.13)	0.05 (0.13)
0.13 (0.12)	−0.02 (0.12)	0.03 (0.11)	0.01 (0.11)	−0.10 (0.13)	−0.08 (0.12)	0.23* (0.11)
0.24*** (0.07)	0.28*** (0.07)	0.37*** (0.07)	0.49*** (0.07)	0.38*** (0.08)	0.40*** (0.07)	0.28*** (0.07)
0.07 (0.09)	0.11 (0.09)	−0.06 (0.09)	0.04 (0.09)	0.01 (0.10)	0.11 (0.09)	0.13 (0.09)
0.19 (0.11)	0.26* (0.12)	0.20. (0.11)	0.18 (0.11)	0.37** (0.12)	0.15 (0.12)	0.18 (0.11)
0.17. (0.09)	0.23* (0.09)	0.12 (0.09)	0.04 (0.08)	0.22* (0.10)	0.08 (0.09)	0.19* (0.08)
0.17. (0.10)	0.18. (0.10)	0.05 (0.10)	0.00 (0.10)	0.30** (0.11)	0.05 (0.10)	0.00 (0.10)
−0.09 (0.10)	0.03 (0.10)	0.05 (0.09)	0.14 (0.09)	0.10 (0.10)	0.26** (0.09)	0.00 (0.09)
−0.11 (0.10)	−0.13 (0.11)	−0.07 (0.10)	−0.08 (0.10)	−0.08 (0.12)	0.03 (0.11)	−0.09 (0.10)
−0.06 (0.09)	−0.11 (0.09)	0.00 (0.09)	0.04 (0.09)	−0.09 (0.09)	0.12 (0.09)	0.17* (0.09)
−0.35** (0.11)	−0.29** (0.11)	−0.28** (0.11)	−0.04 (0.11)	−0.21. (0.12)	−0.18 (0.11)	0.07 (0.11)

第8章 不動産テックの展開と消費者の利用意向

図表8 ロジスティック回帰分析結果

逆転項目	(5段階スケール：そう思う＝5〜そう思わない＝1) (逆転項目の場合は、そう思う＝1〜思わない＝5)	店頭ではなく、インターネットで物件照会・申込をするかわりに、売買仲介手数料が安くなるサービス	店頭ではなく、インターネットで物件照会・申込をするかわりに、賃貸仲介手数料が安くなるサービス	不動産フリマなど、仲介業者が間に入らず、個人間で直接不動産を取引できるサービス	インターネットに登録すると、住宅のリフォームやローン、保険などについて、自分に合った業者を自動で探してくれるサービス
	（切片）	−3.64** (1.18)	−2.91* (1.20)	−3.47** (1.12)	−2.14* (1.05)
○	物件を探すとき、インターネットではなく、営業マンと面と向かってでないと、うまく交渉できない。	0.31*** (0.08)	0.30*** (0.08)	0.11 (0.07)	0.13. (0.07)
	インターネットで物件を探すのは、価格面でお得（安く買える、高く売れる、安く借りられる）だと思う。	0.35*** (0.10)	0.38*** (0.10)	0.06 (0.10)	0.18* (0.09)
○	営業マンは、対面であれば、取引相手や物件のことを教えてくれると思う。	−0.15 (0.10)	−0.05 (0.10)	−0.09 (0.10)	−0.24** (0.09)
	仲介業者が間に入らず、個人間で直接取引した方が、価格面でお得（安く買える、高く売れる、安く借りられる）だと思う。	0.11 (0.09)	0.10 (0.10)	0.45*** (0.09)	0.11 (0.09)
	仲介業者を間に入れずに、取引相手と直接のやり取りはしたくない。	0.05 (0.09)	0.03 (0.09)	0.50*** (0.09)	0.12 (0.08)
	間に仲介業者が入らずに、（売主、買主、大家と）直接やり取りする方が、より良い条件で取引できる。	−0.08 (0.10)	−0.12 (0.10)	0.05 (0.10)	−0.08 (0.09)
○	リフォームや住宅ローンの業者は、自分で探すより、仲介業者に推薦してもらったところの方が良い。	0.04 (0.10)	0.06 (0.11)	−0.04 (0.10)	−0.21* (0.10)
	仲介業者が教えてくれる物件の予想価格は、外れることがあるので当てにならないと思う。	0.08 (0.14)	0.04 (0.14)	−0.05 (0.13)	0.11 (0.13)
○	コンピューター、AIが物件の価格を査定するのは、外れることがあるので当てにならないと思う。	0.17 (0.13)	0.21 (0.13)	0.07 (0.13)	0.21. (0.12)
	コンピューター、AIなら、営業マンが推薦しないような物件であっても提案してくれると思う。	0.10 (0.11)	0.20. (0.12)	0.07 (0.11)	0.14 (0.11)
	夜中でも物件について問い合わせたい時がある。	0.31*** (0.07)	0.30*** (0.07)	0.21** (0.07)	0.15* (0.07)
	日中は忙しいので、営業時間中に店舗に行ったり、物件を内覧に行きたくない。	−0.01 (0.09)	0.05 (0.09)	0.08 (0.09)	0.13 (0.08)
	引っ越した後で後悔しないように、多少手間をかけても物件のまわりの環境を調べておきたい。	0.09 (0.12)	0.14 (0.12)	−0.05 (0.11)	0.00 (0.11)
○	物件のまわりの環境について、たとえ色々な情報を見せられたとしても、自分では理解できないと思う。	0.04 (0.09)	−0.01 (0.09)	−0.07 (0.09)	0.02 (0.08)
	多少物件価格が上がっても、過去の履歴情報（リフォーム、修繕、取引履歴）が残っていた方が良い。	0.12 (0.10)	0.04 (0.11)	−0.12 (0.10)	0.05 (0.09)
	内覧のとき、仲介業者に同行されて、営業トークの言いなりになりたくない。	−0.03 (0.09)	−0.09 (0.10)	−0.06 (0.09)	0.11 (0.09)
○	内覧のとき、仲介業者に同行してもらわないと、物件についての詳しい情報が聞き出せない。	0.17 (0.10)	0.09 (0.11)	−0.03 (0.10)	−0.02 (0.10)
	内覧のとき、仲介業者との待ち合わせが面倒。	0.14 (0.09)	0.14 (0.09)	0.13 (0.09)	−0.01 (0.08)
○	実際に内覧に行ってみないと、インターネットで調べるだけでは分からないことはあると思う。	−0.27* (0.11)	−0.41*** (0.11)	−0.12 (0.11)	−0.02 (0.10)
	戸建てダミー（戸建て＝1）	−0.05 (0.16)	−0.12 (0.16)	0.02 (0.16)	−0.02 (0.15)
	売買賃貸ダミー（売買＝1）	−0.61*** (0.15)	−0.72*** (0.16)	−0.54*** (0.16)	−0.16 (0.15)
	大都市圏ダミー（大都市圏＝1）	0.08 (0.14)	0.11 (0.15)	0.28* (0.14)	0.13 (0.13)
	同居人数	−0.11. (0.06)	−0.07 (0.06)	−0.03 (0.06)	−0.06 (0.06)
	年齢	−0.01 (0.01)	−0.02** (0.01)	0.00 (0.01)	−0.01* (0.01)
	世帯年収	−0.07 (0.36)	0.10 (0.38)	−0.44 (0.36)	−0.13 (0.35)

※ （ ）内は標準誤差。Signif. codes: 0 '***' 0.001 '**' 0.01 '*' 0.05 '.' 0.1

N=1,082

不動産の取引前に、物件の査定価格（売買価格、賃料、利回り）を事前に教えてもらえるサービス	不動産の取引前に、周辺物件の推定価格を地図上で確認できるサービス	「海に近い」、「東向き」、「駐車場つき」などと答えると、AI（人工知能）が自動で物件を提案してくれるサービス	物件への問い合わせ（管理費はいくらか、内覧はいつ可能か、など）に24時間自動で対応するチャットAI	学校、治安、防災など、物件のまわりの環境について、物件情報といっしょに地図で確認できるサービス	不動産屋に行かずにインターネット上から予約をするだけで、1人で自由に内覧ができるサービス	現場に行かなくても、仮想現実（VR）を用いて室内の様子が確認できるサービス
−1.76 (1.15)	−3.41** (1.19)	−2.52* (1.15)	−2.43* (1.11)	−2.66* (1.30)	−3.92** (1.24)	−4.96*** (1.18)
0.19* (0.08)	0.17* (0.08)	0.11 (0.08)	0.00 (0.07)	0.11 (0.09)	0.23** (0.08)	0.16* (0.07)
0.21* (0.10)	0.16 (0.10)	0.19. (0.10)	0.08 (0.09)	0.20. (0.11)	0.27** (0.10)	0.27** (0.09)
−0.18. (0.10)	−0.31** (0.10)	−0.20* (0.10)	−0.35*** (0.09)	−0.26* (0.11)	−0.12 (0.10)	−0.23* (0.10)
0.15 (0.10)	0.15 (0.10)	0.19. (0.10)	0.03 (0.09)	0.13 (0.11)	0.21* (0.10)	0.16. (0.09)
0.07 (0.09)	0.09 (0.09)	0.03 (0.09)	0.06 (0.09)	0.00 (0.10)	0.02 (0.09)	0.05 (0.09)
−0.12 (0.10)	−0.10 (0.11)	−0.19. (0.10)	−0.14 (0.10)	−0.15 (0.12)	0.10 (0.11)	−0.05 (0.10)
−0.12 (0.11)	−0.01 (0.11)	−0.02 (0.11)	0.06 (0.10)	0.02 (0.12)	0.06 (0.11)	0.17. (0.10)
−0.05 (0.14)	0.12 (0.14)	0.15 (0.14)	0.08 (0.13)	−0.07 (0.16)	−0.25. (0.15)	−0.01 (0.14)
0.23. (0.13)	0.32* (0.13)	0.30* (0.13)	0.28* (0.13)	0.24. (0.15)	0.02 (0.13)	0.07 (0.13)
0.15 (0.12)	−0.01 (0.12)	0.05 (0.12)	0.00 (0.11)	−0.07 (0.13)	−0.06 (0.12)	0.25* (0.11)
0.20** (0.07)	0.25*** (0.07)	0.33*** (0.07)	0.47*** (0.07)	0.33*** (0.08)	0.36*** (0.07)	0.25*** (0.07)
0.08 (0.09)	0.13 (0.10)	−0.04 (0.09)	0.06 (0.09)	0.03 (0.11)	0.13 (0.09)	0.15. (0.09)
0.19. (0.12)	0.27* (0.12)	0.21. (0.12)	0.18 (0.11)	0.40** (0.13)	0.16 (0.12)	0.20. (0.11)
0.14 (0.09)	0.22* (0.09)	0.10 (0.09)	0.02 (0.09)	0.20. (0.10)	0.06 (0.09)	0.18* (0.09)
0.20. (0.10)	0.22* (0.11)	0.08 (0.10)	0.02 (0.10)	0.35** (0.12)	0.08 (0.11)	0.04 (0.10)
−0.06 (0.10)	0.05 (0.10)	0.07 (0.09)	0.15. (0.09)	0.14 (0.11)	0.29** (0.10)	0.00 (0.09)
−0.09 (0.11)	−0.12 (0.11)	−0.06 (0.10)	−0.07 (0.10)	−0.06 (0.12)	0.05 (0.11)	−0.07 (0.10)
−0.07 (0.09)	−0.11 (0.10)	0.00 (0.09)	0.04 (0.09)	−0.10 (0.11)	0.11 (0.09)	0.17* (0.09)
−0.32** (0.11)	−0.25* (0.11)	−0.23* (0.11)	0.01 (0.11)	−0.14 (0.12)	−0.13 (0.12)	0.11 (0.11)
−0.07 (0.16)	−0.06 (0.16)	−0.16 (0.16)	−0.34* (0.15)	−0.15 (0.17)	−0.17 (0.16)	−0.02 (0.16)
−0.25 (0.16)	−0.36* (0.16)	−0.45** (0.16)	−0.20 (0.15)	−0.48** (0.18)	−0.45** (0.16)	−0.52*** (0.15)
0.25. (0.15)	0.35* (0.15)	0.07 (0.15)	−0.01 (0.14)	0.20 (0.16)	0.06 (0.15)	−0.03 (0.14)
−0.01 (0.06)	−0.02 (0.06)	0.01 (0.06)	−0.05 (0.06)	0.01 (0.07)	0.00 (0.06)	0.04 (0.06)
−0.02* (0.01)	−0.01 (0.01)	−0.01 (0.01)	0.00 (0.01)	−0.02* (0.01)	−0.01 (0.01)	−0.01 (0.01)
−0.25 (0.37)	−0.67. (0.37)	−0.33 (0.37)	−0.38 (0.36)	−0.84* (0.39)	−0.27 (0.37)	−0.38 (0.36)

また、昼夜問わず問い合わせできる、かつ現地に行く、という両方が揃うことが、不動産テック企業・サービスのニーズをつくっているという結果になった。不動産テックは、既存の不動産流通業を置き換えるというよりも、補完・強化する関係にあるというのが、調査結果から得られる示唆である。

　今後も新たな企業・サービスが登場するたびに、既存の不動産業においては、いかに新旧サービスが互いに補い合いつつ消費者のニーズを満たしていくかが課題になると考えられる。そうした不動産業の変化を所与としつつ、あらゆる不動産取引の場面においてテクノロジーが補完的に用いられることを前提とした制度設計、取引環境の整備が行われるような不動産業政策の展開が求められている。

[注] 本章の結論は研究員個人の見解を述べたものであり、一般財団法人土地総合研究所としての見解ではありません。
[謝辞] 本章の内容は、平成28年度国土政策関係研究支援事業の成果の一部に基づくものである。

[参考文献]

Baum, Andrew (2017) "PropTech 3.0: the future of real estate," Saïd Business School, University of Oxford, https://www.sbs.ox.ac.uk/sites/default/files/Press_Office/Images/proptechreport/PropTech% 203% 20-% 20The% 20 Future% 20of% 20Real% 20Estate.pdf

Saiz, Albert and Salazar, Arianna (2017) "Real Trends : The Future of Real Estate in the US," https://www.capitalone.com/commercial/decomm/media/doc/commercial/capital-one-real-trends-real-estate.pdf

浅見貞男 (1997)「住宅・不動産業のインターネット対応戦略」土地総合研究5 (2), pp. 39-55.

小林正典 (2017)「米国不動産流通システムの変遷と我が国の不動産流通市場への示唆」一般財団法人土地総合研究所編『既存住宅市場の活性化』東洋経済新報社, pp. 230-255.

中川雅之 (2012)「不動産流通市場の新しい情報提供機能」日本不動産学会誌26 (2), pp. 36-41.

中川雅之 (2017)「不動産業者の役割とテクノロジー」一般財団法人土地総合研究所編『既存住宅市場の活性化』東洋経済新報社, pp. 114-132.

不動産流通近代化センター (1998)「特集 不動産流通業の現状と展望」住まいとまち97, pp. 5-41.

不動産流通経営協会 (2015)「米国不動産流通市場調査視察団報告書」(一社) 不動産流通経営協会, 平成27年2月, https://www.frk.or.jp/suggestion/2015usasisatu.pdf.pdf

不動産流通研究所 (2001)「特集 インターネット時代の不動産情報オープン化」月刊不動産流通19 (7), pp. 10-26.

不動産流通研究所 (2002a)「特集 不動産業最新インターネット戦略 (1)」月刊不動産流通21 (1), pp. 47-71.

不動産流通研究所 (2002b)「特集 不動産業最新インターネット戦略 (2)」月刊不動産流通21 (2), pp. 11-41.

八木秀隆 (2001)「インターネットによる不動産情報サービスはこれからが正念場」住生総研レポート13 (7), pp. 17-22.

第9章

不動産取引を牽引する
不動産テックの役割

リーウェイズ株式会社 代表取締役CEO
巻口 成憲

　ファイナンス（金融）におけるテクノロジー活用の「フィンテック」は、すでにいろいろなメディアで取り上げられており、多くの方が耳にしたことがあると思います。ビットコインなどの電子マネーやクラウド家計簿などの金融に関わるWebサービスがその代表例です。ネットトレードを見ればわかる通り、証券会社やヘッジファンドなどの金融機関ではすでにテクノロジー抜きではビジネスができない状況になっていますし、一般の人にとっても「フィンテック」の登場によって複雑な金融サービスの多くが非常に身近なものとなってきました。「フィンテック」同様、2016年頃より不動産取引におけるテクノロジー活用の「不動産テック」が日本でもようやく注目を集めるようになってきています。

　オックスフォード大学の研究（Carl Benedikt Frey† and Michael A. Osborne 2013）では、今後97％の確率で不動産ブローカー（不動産仲介業者）の仕事はテクノロジーによって代替されると指摘しています。もともと、不動産ブローカーという仕事は「情報流通業」です。建物を設計するのは建築士ですし、建てるのは建築業ゼネコンです。では不動産業者の役割は何かというと、その不動産を売買する機会をつくることです。不動産の「情報」と売買したい人たちの「情報」を繋げることが不動産ブローカーの存在意義です。「情報」が商材であるということは、すなわち不動産取引業はテク

ノロジーとの親和性が非常に強い業界であるということを意味しています。

　不動産は金融と同様にデータ数値によってその多くの「価値」が査定されます。不動産の取引価格は他の同様の条件の物件との比較によって決定され、その多くの条件は徒歩分数や築年数といった数値情報です。金融サービスがテクノロジーによって便利なものになるのであれば、不動産サービスもテクノロジーによって便利なものになる可能性は十分にあります。インターネットを持ち出すまでもなく、情報の格差はテクノロジーによって容易に埋めることができるため、「不動産テック」は不動産取引が抱える問題を解決する有効な手段と言えます。

　日本の不動産取引はテクノロジーによって新しい時代を迎えようとしています。「不動産テック」先進国であるアメリカではすでに多くのテック企業が不動産ビジネスに革新を起こしています。本稿では先行するアメリカの事例を踏まえながら、日本における「不動産テック」の現状と今後について解説します。不動産とテクノロジーの融合によるサービス領域は、まだ登場したばかりで定義も多様です。「不動産テック」だけでなく「リアルエステートテック」「リーテック」「プロップテック」など様々な呼び方がされていますが、本稿では「不動産テック」で統一します。

1　不動産テックとは

　「不動産テック」とは「不動産」と「テクノロジー」の造語です。不動産テックの先進国アメリカではRedfinやZillow, VTS, Hightowerなどの企業が「不動産テック」企業と呼ばれています。それでは、まずは「不動産テック」とは何かを定義していきます。

　実はまだ「不動産テック」というものの明確な定義はなされていません。自分たちが「これは不動産テック」ですと言えばそうなってしまうのが現状です。それでは「不動産テック」とは何でしょうか？　ITを活用している不動産事業者のことを指すのでしょうか？　インターネットの発展により、今ではほとんどの事業者が自社のホームページを有して情報発信をし

ています。不動産に特化したポータル会社も多数存在しており、不動産ビジネスにWebサービスはすでに広く活用されています。こうした従来のITによる情報発信の仕組みや情報管理の仕組み自体はいわゆる「不動産テック」とは呼ばれていません。

「不動産テック」とはこれまでのIT活用といったい何が違うのでしょうか？　アメリカや欧米諸国の「不動産テック」企業の事例を踏まえて、私見ながら「不動産テック」を定義すると、「不動産テック」とは「**不動産業務プロセス自体のテクノロジーによる高度化**」ということになろうかと思います。

ホームページでの情報発信や各種不動産ポータルサイトは、確かにテクノロジーの活用例ではありますが、これらは不動産取引プロセス自体を代替しているのではなく、あくまで「広告や集客」の機能を担っているにすぎません。テクノロジーによって、物件調査、鑑定評価、売買取引、登記、物件管理など「不動産業務プロセス自体」の効率化、迅速化、高付加価値化を図るもの、それを本稿では「不動産テック」と定義します。

2　アメリカの不動産テック企業

「不動産テック」先進国アメリカでは、多くの「不動産テック」企業が生まれています。その代表格はZillowやRedfinといった不動産取引ポータルサイトです。Zillow[1] は2006年に創業されたワシントン州シアトルの不動産ポータルサイトですが、アメリカ全土の売り出し物件を扱っており、掲載物件数は1億1,000万件とも言われています。Zillowの先進的なサービスは、Zestimateと呼ばれる相場価格査定メカニズムです。日本の広告ポータルと異なり、過去の取引価格情報など豊富なデータに基づいて不動産を検討することができる点に特徴があります。アメリカの不動産は「学区のレベル」と「治安の安全度合い」と「ハイウェイへのアクセスの容易さ」が

---

1)　Zillow　http://www.zillow.com/

価格を大きく左右しますが、そうした情報をビッグデータで分析し相場価格を提示しています。同様のビジネスモデルであるTruliaを2014年に買収し、全米での影響力を高めています。

Zillowとは少し異なるビジネスモデルのポータルサイトがRedfin[2] です。2004年に同じくワシントン州シアトルで創業された同社は、広告ポータルではなく、オンライン不動産事業者です。自身が不動産事業者であることから全米データベースMLS（Multiple Listing Service）の不動産物件データがMLS掲載後15分以内にRedfinに自動反映されます。不動産取引のコスト削減をミッションとしているため、仲介手数料のキャッシュバックサービスを行っています。サービスブローカーとして取引を支援するためのエージェントを直接雇用しており、ブローカーは取引額ではなくユーザーからの評価によって報酬が決定されるシステムになっています。そのため、2012年からはユーザーはエージェントをオンラインで評価することができるようになっています。同社は10年間で時価総額166倍に成長しています。

アメリカでは、不動産業者を介さず所有者が直接売却を行うFSBO（For Sale By Owner）が全米の不動産取引の1割を占めています。その名の通り、売り手と買い手を直接繋げるプラットフォームを運営している企業がシカゴを拠点とするForSaleByOwner[3] です。1997年に不動産取引の雑誌媒体を提供する目的で設立されましたが、1999年よりインターネットプラットフォーム事業を展開しています。売主が物件を登録すると、Zillowをはじめとした複数のサイトやMLSに登録され、直接買主と交渉ができるシステムとなっています。不動産業者を介することがないため、売主は物件価格の6%の仲介手数料を支払う必要がありません。

共通データベースの透明性が高く、全てのエージェントが同じ物件を取り扱うことができるアメリカの不動産テックでは、物件を探すのではなく、信頼できるエージェントを探す仕組みに注目が集まりつつあります。個人からの不動産仲介会社の評価をもとに最適なエージェントを選ぶプラット

---

2) Redfin https://www.redfin.com/
3) ForSaleByOwner http://www.forsalebyowner.com/

フォームを提供しているのがRealSatisfied[4]です。2012年にサービスがリリースされ、米国以外にオーストラリア、イギリス、ニュージーランド、カナダ、南アフリカ、シンガポールでサービスを提供しています。不動産エージェントは顧客の口コミによってランク付けされ、優良なエージェントが選抜される仕組みとなっています。エージェント登録は無料となっていますが、顧客サービスなどのオプションは有料で提供されています。

不動産のプロフェッショナル向けのWebサービスを展開するのがニューヨークを拠点とするVTS[5]です。商業用不動産のリーシング＆アセットマネジメントのツールを提供しています。レントロールや賃貸の条件などをリアルタイムにモニタリングし、パフォーマンス管理を行えるだけでなく、物件の潜在的テナントに対し、広告資料などを過去の取引履歴やマーケットのトレンドを考慮し自動的に作成できる機能も提供しています。不動産仲介大手のCBRE、Jones Lang LaSalle、Cushman & Wakefieldなどが次々と同社サービスを導入しており、不動産テックの成功例として注目を集めていました。2016年には競合のHightowerと時価総額3億ドルで合併し、5.5B sfの面積を管理する世界最大のCREプラットフォームとなっています。

クラウドファンディングは「不動産テック」というよりはどちらかと言えば「フィンテック」カテゴリーですが、不動産の資金調達手法の一つとして活用されています。アメリカではFundriseやRealtyMogulなど知名度の高いプレイヤーが活動しています。Fundrise[6]は2012年にリリースされた、不動産投資のクラウドファンディングサービスです。全米約80社のデベロッパーがプロジェクト資金を確保するために投資案件を登録しています。最小単位100ドルから投資することができるため、事業会社や個人の投資家など幅広い層からお金を集めることが可能となっています。

RealtyMogulは2013年にリリースされ、ローカルの不動産開発案件に対して投資資金を募るサービスですが、Fundriseと異なり富裕層をターゲッ

---

4) RealSatisfied http://www.realsatisfied.com/
5) VTS https://www.vts.com/
6) Fundrise https://fundrise.com/

図表1　不動産テックマップ

（出所）Venture Scanner

トとしています。現時点で9万人が投資家登録を行っています。

　図表1はVenture Scannerによる「不動産テック」698社のマッピングです。不動産検索サービスやポートフォリオ・マネジメントだけでなく、様々なカテゴリーで「不動産テックプレイヤー」が登場してきています。最も多いジャンルは物のインターネット（IoT）ですが、資産管理であるポートフォリオ・マネジメント分野でも多くの企業が登場しています。アメリカでは不動産テック企業が数多く登場してきている一方で、日本が出遅れていた理由を見ていきましょう。

3　日本の不動産業界の問題点

　日本でもソニー不動産や弊社リーウェイズなど「不動産テック」を称する企業が続々と登場してきています。2016年は多くの「不動産テック」

サービスがリリースされ、アメリカに遅れること約10年、ようやく「不動産テック元年」を迎える状況になりました。

不動産業界はこれまでKKDH（勘と経験と度胸とハッタリ）の業界と呼ばれ、テクノロジーの活用は他業界に比べ著しく遅れていると言われ続けてきました。不動産業界は未だに「飲み会で情報交換を行うことが良い物件を仕込むための一番いい方法だ」と言われる非常にレガシーな業界です。そのためフェイストゥフェイスによる「人の繋がり」が何よりも重視されています。このように業務が極端に属人的な業界では、情報が不透明になりやすいという問題点が起こります。情報を独占することそのものが商売のネタになり、差別化の要素となるからです。

アメリカの不動産マーケットと日本の不動産マーケットの最大の違いはこの情報の透明性にあります。アメリカにはMLS（Multiple Listing Service）と言われる業界の取引データベースが存在しています。不動産ブローカーは必ずこのMLSに取引物件を登録しなければならず、違反した場合には罰則が設けられています。不動産ブローカーが全取引物件を必ず登録するため、全ての不動産ブローカーが同じ物件リストに基づいて営業活動することが可能となっています。

一方で日本では事情が異なります。日本にもMLSを参考につくられた業界共通の取引データベースREINS（REAL ESTATE INFORMATION NET-WORK SYSTEM）が存在していますが、こちらは特定要件の取引以外は登録が義務付けられておらず、また罰則規定も十分ではありません。情報が武器となる世界で情報の登録が義務付けられていないのであれば、事業者からすれば、当然登録をしない方向にインセンティブが働きます。

このような背景の違いから、日本の不動産業界には様々な問題が存在しています。不動産事業者側からすれば効率良く物件情報を収集する方法が限定されてしまうという問題。消費者側からすれば希望する物件情報の収集方法が限定されてしまうという問題です。

日本の不動産業界は典型的なレモン市場です。レモン市場とはアメリカの経済学者ジョージ・アカロフが1970年の論文で指摘した概念です。映画『カーズ2』をご覧になった方は覚えておられるかもしれませんが、日本語

吹き替え版では質の悪い車を、故障とコショウをかけてペッパーと呼んでおり、英語版ではレモンと言っています。アメリカでは質の悪い中古車のことをレモンと揶揄しているからです。中古車業界に代表されるように、プロでなければその商品の良し悪しがわかりにくい市場では、良い商品はプロ間で取引され、質の悪い商品はその評価ができない一般の市場で取引されることになります。結果、売り手だけが商品の質を知っていて、買い手はその評価を知らない業界では、市場に質の悪い商品しか流通しなくなるという理屈です。これを情報の非対称性によってもたらされる逆選抜現象と言います。日本の不動産業界はまさにこの逆選抜、つまり悪いものばかりが一般に流通しやすい市場となっています。

　不動産業界をITで変革させるというプレイヤーがこれまで過去何度も登場してきましたが、いずれもうまくいきませんでした。なぜ過去の透明性を高める取り組みがうまくいかなかったのかを分析すると、不動産業界が事業者側の事情によって「そもそも情報の透明性を求めていない」レモン市場の状態であるからと考えられます。不動産事業者にとってみれば、情報の非対称性があるからこそ儲けられると思っているのですから、「透明性を高めることはけしからん」となることは当たり前といえば当たり前です。ただしこうした不動産市場の現状は、もちろん消費者にとっては決して好ましい状況ではありません。日本の不動産市場が情報の公開が限定されているレモン市場であるがゆえに、実際に「囲い込み」や「値ごなし」、「入居者偽装」といった様々な問題が発生しています。

　これらはいずれも不動産市場の透明性が低い状態だからこそ起こる問題です。レモン市場で起こる最大の問題は、消費者が商品の正しい価値を把握できない点にあります。レモン市場では売り手は悪質な商品（レモン）を良質な商品と称して販売する危険性が増します。なぜなら買い手はその商品（レモン）の本当の「価値」を売り手によってしか知るすべがないからです。買い手は良質な商品を購入したがらなくなり、結果的に市場に出回る商品は悪質なものばかりになってしまうという問題が発生します。

　他の業界の歴史を紐解けば、こうした不動産業界のいびつな状況は早晩解消されるだろうと予測できます。情報の非対称性は中古車業界や証券業

図表2 レモン市場解消の歴史

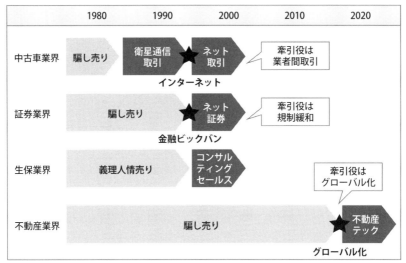

(出所) 筆者作成

界にもかつて存在していました。中古車業界では以前は走行距離の偽装や事故歴を隠すなどで消費者が良い中古車を探すことが難しいマーケットでした、証券業界も富裕層以外はできるだけ取引回数を多くさせて取引手数料で顧客の資産を食いつぶしていくのが推奨されていました。いずれの業界も情報の非対称性は徐々に解消され、今では透明性の高いマーケットが確立しています。不動産業界も「不動産テック」の時代を迎え、情報の透明性が進むことで、中古車業界や証券業界のように大きくその勢力図が変わっていく可能性があります。

4　不動産テックの技術

「不動産テック」によってどのように不動産取引プロセスの高度化が実現するのでしょうか？　高度化の方向性について、まずは大枠から考えていきましょう。不動産取引プロセスを量と質の観点から整理した場合、3つの

側面で高度化の可能性を整理することができます。

Operationは不動産ビジネスの「業務」における高度化、Transactionは不動産の「取引」における高度化、Valuationは不動産の「評価」における高度化となります。OperationとTransactionでは、主に「量の改善」つまり「効率化」が高度化の方向性となり、Valuationでは、主に「質の改善」つまり「精度向上」が高度化の方向性となります。いずれも結果として迅速化、低コスト化を実現します。

テクノロジーによって不動産取引プロセスのどの側面を高度化するかを分類しているものが図表3です。国土交通省の国土審議会土地政策分科会の資料より抜粋しました。

Operationは、最もわかりやすい高度化の方向性です。Webテクノロジーに限らず、物件管理システムなど、これまでもIT技術による業務（Operation）の効率化は行われてきました。「不動産テック」によるOperationの高度化で最もわかりやすい事例はIoTであるスマートロックです。スマートフォンで家の鍵が開けられるこの技術は、不動産事業者の業務を大幅に効率化することができます。賃貸物件を管理している不動産管理会社は、入居者が入れ替わるたびに物件の鍵交換を行っています。スマートロックを使えば暗証番号を変える作業だけで済むため、鍵交換の必要がなくなります。

Transactionの例としては、IT重説や電子署名などがあげられます。これまで対面でしか認められていなかった不動産契約時の重要事項説明がようやく一部緩和され、インターネットなど対面以外の方法が認められるようになってきました。これによって、例えば地方から子供が進学のために東京の不動産などを探す際に、親が何度も東京の不動産会社に訪れる必要がなくなります。またアメリカのように電子での署名が認められるようになれば、契約自体もオンラインで完結することが可能となります。相互の契約意思疎通がきちんとWeb上で管理されることによって、契約時の曖昧な口約束などによって起こるトラブルを防ぐことができるようになることも期待されます。

Valuationは、不動産テック領域の中で最も重要な役割を果たします。不

図表3 不動産テックの展開領域

(出所) 第25回国土審議会土地政策分科会企画部会資料

動産の「価値」は膨大な情報によって査定されます。地盤や商業の発展度合い、今後の人口動態などの立地情報から始まり、近隣状況や建物自体の評価、近隣の取引情報などを総合的に勘案して不動産の「価値」が決まります。不動産事業者や不動産鑑定士はこうした膨大な情報を分析するために業務の多くの時間を使っています。これまで述べてきた通り、情報の分析はテクノロジーが最も効果を発揮する分野です。ZillowのZestimateやRedfinのRedfin Estimateのように、これまでは何十年もの経験を持つ不動産エージェントしか評価できなかった不動産の相場価格を、テクノロジーが簡単に抽出できるようになっています。日本でも不動産の査定をテクノロジーで行う企業が続々と登場してきています。

5　ビッグデータと人工知能

「不動産テック」におけるValuationの高度化を実現している背景にあるのがビッグデータと人工知能の技術です。ビッグデータはすでに馴染みの

図表4　産業別ビッグデータ蓄積状況

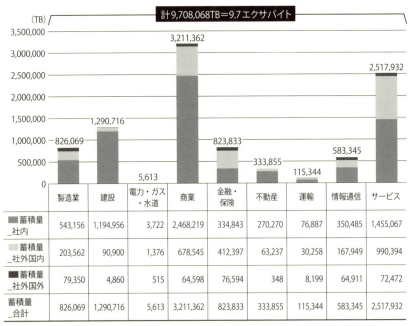

（出所）総務省「情報流通・蓄積量の計測手法の検討に係る調査研究」（平成25年）

ある言葉だと思いますが、現存するあらゆるデータの総称を指します。1990年代当時、ビッグデータと言えば社内に存在する支払履歴や販売履歴などのERPやCRMによって管理されるものを指していました。ビッグデータを顧客分析で活用する手法としてデータマイニングが注目を集めました。アメリカの流通大手ウォルマートは、顧客データを解析し、オムツ売り場の横にビールを配置し、ビールの売り上げを伸ばしました。ウォルマートに限らずアメリカの消費者は休日にまとめ買いをする傾向があります。まとめ買いは力仕事なので大抵ご主人が駆り出されることになります。ご主人がオムツを買いに来たときに隣にビールが置いてあればつい手が伸びてしまうということです。

　2000年代になりWebデータが膨大に蓄積されはじめ、行動ターゲティングなどの取り組みが当たり前となっていきました。現在、ビッグデータと

呼ばれるものは、動画や音声、センサー情報やGPSによる空間データなどを含めた概念になっています。先ほどのウォルマートの例では、天候データをもとに、台風の日には懐中電灯と生クリーム菓子が売れることを予測し、ビジネスに活用しています。

　他業界では積極的にビジネス活用されているビッグデータですが、不動産業界では取り組みが一歩遅れている現状です。前述の通り、不動産業界は共通データベースが有効に機能していないため、他業界に比べ社外のデータが著しく蓄積されていない状況です。これが透明性の低いマーケットを生み出している原因となっています。

　新興不動産テック各社が価格査定サービスを提供しはじめていますが、その多くは取引事例をもとに現在の相場価格を算出し、ユーザーを不動産事業者に斡旋するというビジネスモデルであるため、ビジネス戦略上はTransactionモデルとなっています。価格査定はあくまでも集客ツールの目玉としての位置付けであり、正式な意味でValuationを実施しているプレイヤーは登場してきていません。弊社リーウェイズでは投資不動産にフォーカスすることで、収益還元価値に基づいてValuationできるプラットフォーム「Gate.」を提供しています。

6　人工知能の技術

　人工知能の分野ではディープラーニングというキーワードが注目を集めています。ディープラーニングとは機械学習の手法の一つです。 システムがデータの特徴を多層で学習することで、従来はできなかったレベルの認識を可能にしています。ディープラーニングは「グーグルの猫」という事例で有名になりました。グーグルが持つ膨大な画像データや動画データを人工知能に解析させたところ、人工知能が「猫」を認識したという事例です。これまで機械に対象を認識させるためには「定義付け」をしなければ実現できませんでした。猫というものはこういう外観の特徴を持っていると定義を行い、その特徴を持つ画像を探させるというアプローチです。

図表5 不動産分析サービス

サービス名	企業名	開始年月	概要
Gate.	リーウェイズ	2016年3月	独自に収集した不動産ビッグデータを用い、機械学習アルゴリズムに基づいて不動産の本質的な価値を推定し、不動産投資シミュレーターを提供。
不動産価格推定エンジン	ソニー不動産	2015年10月	ソニーR&Dのディープラーニング技術を核とし、不動産査定のノウハウや不動産取引に特有の知識を導入して開発した機械学習ソリューション。
HOME'Sプライスマップ	ネクスト	2015年10月	HOME'Sが蓄積してきた膨大な中古物件の募集情報と、独自開発の不動産参考価格算出システムに基づき、マンションの参考価格を地図上に表示。
ふじたろう	プロパティエージェント	2015年10月	中古マンションに関する情報を独自のクローリング技術で収集し、時空間演算技術及び人工知能アルゴリズムに基づいて、最新相場情報を地図表に表示。
全国マンション価格まるわかりマップ	マンションリサーチ	2015年10月	全国の売出マンション事例をシステムにより自動的に補足し、独自の自動価格査定システムに基づいてマンション個別の相場価格を地図上に表示。
HowMa（ハウマ）	コラビット	2015年8月	Web上の公開データを収集し、一戸建て及びマンションの相場価格を人工知能で自動的に解析し、推定市場価値や推定賃料、募集中物件のチェック機能等を提供。
IESHiL（イエシル）	リブセンス	2015年8月	賃貸情報や売買履歴を元にしたビッグデータから、マンションの個別部屋単位の今現在の市場価値をリアルタイムで査定して表示。レイティングも準備中。
マンションマーケット	マンションマーケット	2015年8月	マンションの取引事例や近隣の類似物件の取引事例などを参考に、独自解析して算出したマンション別の最新相場（資産価値）情報を提供。
VALUE	イタンジ	2015年7月	市場に流通している物件価格を、独自の人工知能（ディープラーニング技術）により分析し、投資価値の高い物件を毎日メールで自動配信。
GEEO	おたに	2014年10月	国土交通省や総務省のオープンデータ等を活用し、独自の人工知能（機械学習）アルゴリズムに基づいて、日本全国の不動産の予測成約価格を地図で提供。

（出所）野村総合研究所「人工知能とビッグデータが変える不動産投資市場」

ディープラーニングではその特徴の解析をシステムが行うことができるようになった点がこれまでのアプローチと異なります。同じ特徴のものをシステムがカテゴライズすることで、猫という対象を分類することができるようになりました。画像解析では非常に有望な技術のディープラーニングですが、解析に非常に時間がかかるという問題点もあり、Webサービスに適用するには工夫が必要となります。人工知能の研究の歴史は古く、1950年頃から様々な手法が開発されてきました。その中でも、SVM（サポートベクターマシン）という統計手法に基づいた技術は多くの研究分野で活用されています。ディープラーニングとの違いは、SVMではより高速に計算ができるという点にあります。統計手法であるため、画像解析には向きませんが、数値解析には非常に有効な技術です。SVMにカーネルトリックを組み合わせることでノンパラメトリックな多変量解析を行うことが可能となります。そのため、変数の多くが数値データである不動産の価格査定などではディープラーニングよりもSVMが好ましいと考えられます。

　ただし、人工知能は万全ではありません。従来の重回帰分析よりも査定精度は上がるものの、アプローチがブラックボックス化されているため、何の理由でその答えにたどり着いたかの検証ができない点が課題です。不動産業者や不動産鑑定士、金融機関の査定担当者は、いずれも査定においては、その根拠を明示することが必要となっているため、機械学習による査定だけではあくまで参考値としてしか活用することができません。弊社の査定サービスでは金融機関への導入も行っているため、機械学習と重回帰分析のハイブリッドモデルを採用しています。

7　不動産テックのこれからの分野と政策的課題

　これまで不動産テックにまつわる周辺環境を説明してきましたが、最終項では今後の不動産テックの行く末について言及します。

　多くの業界がテクノロジーを活用することでマーケット規模を拡大することに成功してきた一方で、不動産業界はOperation領域を除いてテクノ

ロジーへの取り組みが遅れていたのが日本の問題点です。Transaction、Valuationの領域でどのような課題があり、どのような可能性があるかを整理します。

Transaction領域では膨大に存在する書面の電子化及び電子取引の環境が整備されることが必要です。消費者保護の観点から対面での説明が必須とされてきた結果、取引の迅速性や利便性が損なわれているというのも間違いない事実です。VR技術やオンラインビデオ通信などの技術が年々進化する中で、もはや対面での説明は消費者保護にとって唯一確実な方法とは言えなくなってきています。むしろテクノロジーを使うことでより取引内容を理解しやすい環境、記録として残りやすい環境を整えるほうが有効であろうことは間違いありません。アメリカでは不動産の契約決済の手続きがほぼオンラインで完結する環境が整備されています。測量図や登記情報の電子化を進め、VR技術などを活用したオンライン取引環境を実現していくことがTransaction領域にとっての課題と言えます。

Valuation領域では、データ自体の収集・開示、そして分析技術の高度化が課題です。Transaction領域の課題とも共通ですが、不動産取引に係る様々な情報を電子化し、広く公開していくことがValuation領域の発展の土台となります。依然としてデータそのものを切り売りするビジネス構造が日本の不動産業界に存在していることが、ビッグデータ環境を阻害している要因の一つです。インターネットによりデータそのものの価値は著しく低くなり、データを解析する技術が価値を生む時代となっています。偏在するデータを集約する現在の不動産統合データベースの取り組みを一層進め、不動産事業者だけでなく、消費者もデータを活用できる環境を整えていくとによって、様々な観点での解析技術の発展が実現と考えられます。

平成24年の日本再生戦略において中古不動産市場流通活性化が方針として打ち出され、不動産統合データベースや空き家バンクなどの取り組みが進められていますが、これらはあくまでも「情報をストックする」取り組みです。

中古不動産市場の活性化に最も有効な対策は「中古不動産の適正な評価環境を構築すること」です。中古不動産の適正な経済的耐用年数が評価さ

れる制度を構築することで、はじめて流通が活性化します。ストックした情報を評価に繋げることが重要です。

　国土交通省の「中古住宅流通促進・活用に関する研究会」では不動産の評価に係る耐用年数の見直しが検討されていますが、現在は建物の「物理的持続価値評価」の取り組みのみに偏っており、競争環境も考慮した「経済的持続価値評価」への取り組みは行われていません。不動産の価値は需給バランスによって大きく左右されることを考慮すると、経済的価値を明確にする取り組みが求められています。人口動態やマクロ環境を踏まえた不動産評価という面において、不動産テックが活用できる場面は多いにあると言えます。

　今後不動産マーケットを拡大していくためには現在の「情報のストック」フェーズから「情報の活用」フェーズへ移行することが必要です。「情報の活用」フェーズでは、現在の「静的なデータ」に加え、民間が持つ「動的データ」との連動が新たなマーケット拡大のキーワードとなります。不動産テックで先行するアメリカ市場では、SNSの個人情報と不動産投機情報を紐付けることによって、今後市場に出てくる不動産を予測するPredictive Analysisの取り組みが盛んになっています。アメリカのマーケットで不動産が取引される大きな動機は結婚や離婚です。そのため、SNSの独身、既婚ステータスを不動産取引の先行指標として不動産取引機会の発掘に活用しています。

　日本の不動産マーケットの活性化を実現するためには、現在の情報ストックの整備に加え、非電子化各資料の電子化の促進及び開示、電子契約・決済の実現、SNSなど民間データの活用を実施していくことが求められます。

第10章

計算統計の不動産実務への応用

株式会社おたに 代表取締役
小谷 祐一朗

概要

本稿では計算機シミュレーションの不動産業への応用について述べる[1]。最初に、弊社で提供しているサービス「GEEO（ジーオ:http://geeo.otani.co/)」の設計思想について触れ、その後にモンテカルロ法、リサンプリングの概要を不動産データを用いて説明する。また、不動産証券化協会のJ-REITのデータを使用したシミュレーションの応用例を示す[2]。なお、日本における「不動産テック」の方向性を計算機のもたらす価値とともに一考することも目的としている。

キーワード：不動産テック、計算統計、DCF法、ダイナミックDCF法、
　　　モンテカルロ法、リサンプリング、シミュレーション、ヒストリカル・シ
　　　ミュレーション、ヘドニック推定

---

1) 本稿の執筆にあたり多くの方にご助言を頂いた。改めて感謝を示したい。まず、本稿執筆の機会を頂いた一般財団法人土地総合研究所の荒井俊行氏と白川慧一氏である。不動産の鑑定評価の方法論とその実務については、桜木不動産コンサルタントの不動産鑑定士の武藤悠史氏から多くのことを教わった。他にも多くの方との情報や意見交換は、計算機の存在意義と可能性そしてその経済への影響を改めて考える際に非常に参考になった。

2) なお、本稿で示す分析結果等は方法論の観点から作成しており、示した結果はあくまで計算結果である。筆者の所属する組織等からの分析や意見等ではない。

1 はじめに

「不動産テック」への期待は「ソフトウェア技術が不動産業界を変える」期待である。特に諸外国の例を学ぶと、この期待は大きくなるのかもしれない。IoT[3] による不動産のハードウェア化や、「AI（Artificial Intelligence）」や「機械学習（Machine Learning）」等を使用したソフトウェアの開発と応用が挙げられる。後者は、計算用ソフトウェアそのものであり、基層は計算機の発展と計算機の使い方である。

計算機の発展は、計算問題の解を得る方法自体を変えた。モンテカルロ法が考案され、計算機で擬似乱数を扱えるようになると、解析的な解き方では非常に時間のかかる問題をシミュレーションによる近似解で代替する方法が急速に普及した。それは文系と理系、アカデミアと実務の壁を越え、経済や金融を含めた様々な分野で応用されるようになった。今日では、計算機シミュレーションなしでは業務が成り立たない分野も存在する。計算機の性能向上は、新たな職域を確立するだけでなく、計算機を使う者の生産性と地位を飛躍的に向上させた。

ところで、図表1は総務省統計局の「平成26年度経済センサス」から全産業と不動産業の事業所数を従業者規模別でまとめたものである。不動産業の事業所数は2014年7月1日時点で35万3,558だが、1-4人といった小規模な事業所が全体の86.14％を占めており、全産業と比較しても高い比率である。

不動産テックが「非効率な不動産業界をソフトウェアで効率化する」場合、そのメリットはAI等へ大規模な投資ができる事業者が享受し、小規模事業者を取り巻く環境は、さらに厳しくなることを想像するのはたやすい。

先に例を挙げた通り、計算機に関する技術の発展は、業務の効率化だけではなく、新たな分野や職域の創出につながることがある。不動産業では

---

3) Internet of Things。モノとソフトウェアがインターネットでつながること。

図表1 全産業と不動産業の事業所数[4]

	1–4人 (%)	5–9人 (%)	10人以上 (%)	出向・派遣 業者のみ (%)	合計
全産業	3,268,407 (57.45%)	1,114,421 (19.59%)	1,283,410 (22.56%)	23,128 (0.40%)	5,689,366 (100%)
不動産業	304,566 (86.14%)	32,437 (9.17%)	14,157 (4.00%)	2,398 (0.68%)	353,558 (100%)

どうだろうか。例えば、不動産業には物件ごとに様々なリスクが存在するわけだが、日本中全ての物件に対し、それを事前にシミュレーション可能な環境を整え、ソフトウェアとして利用できたらどうなるだろうか。利用する事業者にとっての最適解を得る方法を変えるだけでなく、企業内でも新たな職域の創出を行うことにつながらないだろうか。

2 GEEOの設計思想

　このような考えで弊社が設計・開発した計算用エンジンがGEEO（http://geeo.otani.co/）である。GEEOを使用したアプリケーションの一つであるGEEO Proは、日本全国6,000万ヶ所以上の建物と土地の価格を推定できるだけでなく、時系列の推定値を算出したり、推定した市場価格（以下「推定価格」）と積算価格（以下「推定積算価格」）を比較したりできる。

　例えば、図表2は2007年のある地価公示点（前年比＋1.79％）に2003年築の木造建物があった場合の推定価格（市場をベースとした予測成約価格）である。土地価格は地価公示をベースとした推定公示地価であり、建物価格は推定価格から土地価格を減じた価格である。

　図表3は同一条件で推定積算価格を算出した場合である。推定積算価格

---

4) 2014年7月1日の総務省統計局の「平成26年度経済センサス」から筆者作成。なお、百分率の小数点第3位以下は四捨五入している。そのため、合計は100％にならない。

第10章　計算統計の不動産実務への応用　　187

図表2　GEEO Proの画面（推定価格）

図表3　GEEO Proの画面（推定積算価格）

は建築着工統計等から新築時の原価[5]を算出し、国税庁の基準で減価償却した建物価格に推定公示地価を足した価格である。そのため、ここでは戸建住宅の例を用いているが、マンションやアパート一棟だけでなく、病院やホテル、工場や倉庫の価格を求めることもできる。

5）　再調達原価のようなもの。構造別の価格推定と建築時点の補正もしている。

図表4 GEEO Proの画面（時系列グラフ：推定価格＞推定積算価格）

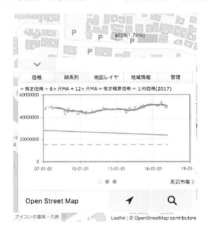

　推定価格と推定積算価格は同程度の場所もあれば、どちらかが上回る場所もある。この地点の場合は推定価格が約2,500万円程度高い。取引価格と再調達原価が異なる場合があることは周知の事実だが、GEEOの算出アルゴリズムを通してもそれは確認できる。

　さらに、時系列で比較したものが図表4と図表5である。推定価格6ヶ月の移動平均線と12ヶ月の移動平均線、推定積算価格、2017年の推定公示地価をそれぞれ示している。

　図表4からは推定積算価格が推定価格を常に下回っていることがわかる。このような場所は不動産市場が存在し、市場価格での取引が期待される。

　この逆の常に推定積算価格が推定価格を上回る場所（図表5）は、取引市場が未成熟または衰退していると考えられ、実際の取引価格は推定積算価格に近づくことが多い。また、同一の場所と条件であっても、推定価格と推定積算価格が交差する時期が存在することもある。これは、同じ不動産でも築年数によって市場性が生じる場合とそうでない場合があることを示している。

　さて、GEEOの計算アルゴリズムは非公開だが、ヘドニック・アプローチ[6]や空間統計学[7]の思想も当然取り入れている。また、不動産鑑定評価基準も参考にしている。一番の特徴は対象地域の広さと精度[8]を両立させ、

第10章　計算統計の不動産実務への応用　　189

図表5 GEEO Proの画面（時系列グラフ：推定価格＜推定積算価格）

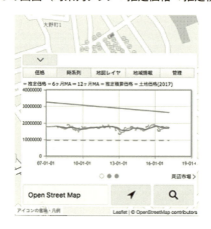

かつモデル自体を一つにしていることであり、その自由度調整済R二乗は0.92である[9]。同一のモデルで日本全体を捉えているため、どの地域の不動産がどの程度高騰しているか、あるいは下落しているか等の判断もできる。なお、データには総務省統計局のe-Statからダウンロードできる国勢調査の小地域統計等の各種オープンデータも使用している。また、算出している価格や建物情報（全国6,000万の建築面積と建物構造）のデータはAPI（Application Programming Interface）[10]に対応しており、自らが利用するソフトウェアに取り込むことで分析に使用できる。

算出アルゴリズムの研究には、総務省による「クラウドテストベッドコンソーシアム」における活動の一つとして2012年度から2013年度に国立研究開発法人情報通信研究機構のJGN-X上に構築したMPIクラスタを計算基盤とした[11]。その後、弊社環境での研究開発を経て、初期バージョンをローンチしたのは、「不動産テック」という言葉が存在しなかった2014

---

6) 代表的なものにRosen（1974）がある。
7) 例えば井上（2007）もある。
8) ヘドニックにしろクリギングにしろ日本全国を対象とすると精度は落ちる。
9) リサンプリングによる推定でも0.89–0.97程度に分布する。
10) 有償である。
11) 株式会社三菱総合研究所の清水友晴氏がMPIクラスタの構築を行っている。

年の10月である。その後、総務大臣奨励賞やグッドデザイン賞等[12] を受賞し、現在はビジネスでの本格的な活用に至っている。なお、このアルゴリズムは、不動産のみを対象にするわけではなく、他の分野[13] でも使用できる。

3　シミュレーションとは

さて、ここでモンテカルロ法による計算、「シミュレーション」[14] を紹介したい。当然、GEEOではこの手法や思想は取り入れている。なお、本節では、最初はやや実務や不動産から離れた議論を展開するが、その後に実際の不動産データを使用した例を示す。

まず、「モンテカルロ法（Monte-Carlo method）とは、コンピュータを用いて確率変数のサンプリングを行うことによって、数学的問題を（主として数理統計学における意味で）数値的に解く手法」[15] である。確率変数のサンプリングなのだから、当然ながら標本空間とその上での関数、確率分布は定義される。

例えば「100回のコイン投げを行い、表が10回以上連続で出る確率を求める」問題を考えてみよう。まず、コインを100回投げた場合の組み合わせは以下である。

$$2^{100} = 1,267,650,600,228,229,401,496,703,205,376$$

当然、この組み合わせを全部調べれば解は得られる。手計算が得意な場合は紙とペンを使ってもよいだろうし、計算機を用いて全ての組み合わせ

---

12)　マッシュアップアワード10オープンデータ部門最優秀賞（2014年11月）、総務大臣奨励賞（2015年5月）、グッドデザイン賞（2015年9月）。

13)　実用例としてマーケティングがある。

14)　そもそもAIや機械学習を構成する技術の根底にはモンテカルロ法がある。

15)　杉田（2012）。

第10章　計算統計の不動産実務への応用　　191

図表6 確率分布の実験結果

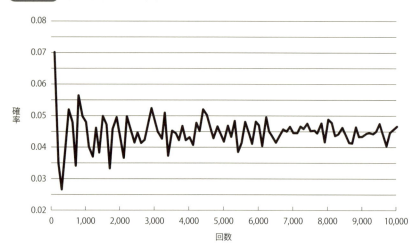

を調べてもよいかもしれない。ただ、下記のチェビシェフの不等式（「投げる回数がnのとき、表の出る相対度数が区間$p±ε$に入る確率は$1-(1/4nε^2)$以上である」[16]）は一定の精度で近似解を求められることを示している。

$$P\left(\left|\frac{表の出る回数}{n}-p\right|<ε\right)\geq 1-\frac{1}{4nε^2}$$

近似解でよければ、実際に0または1をランダムに100回発生させることをN回繰り返し、その中で10回以上連続で1が出た（0が裏、1を表とする場合）割合を調べればよい。図表6が、Nを100回から1万回までとして実際に実験を行った結果である。

Nを∞に近づけていけば、一点に収束していくことが想像できる。その一点は解析的に求めた場合の答えである。なお、精度に不安があれば、計算機と自分の心の許す限りにおいて、回数を増やせばよい[17]。

---

16) 杉田洋「確率と乱数」(http://mathsoc.jp/ publication/tushin/1802/1802sugita.pdf)。
17) ところでこういったシミュレーションはコンピュータを使って行う、つまりプログラムを使うわけだから、問題の難易度にかかわらず自分のプログラムコードが正しいかどうかの検証は必要である。コード検証には様々なものがあるが、Geweke (2004) のようなアプローチも方法論として参考になるだろう。

ところで、この「コインを投げる」という問題は $[0,1]$ のどちらかが $\frac{1}{2}$ で出ることを想定している。

これはデータの従う分布（理論分布）を想定しているわけだが、データが従う分布をあらかじめ定めない考え方もある。この場合はデータ（標本）から標本を生成し（再標本やリサンプリングと呼ばれる）、確率分布を考える。リサンプリングは、例えば次の手順で行う。

1. まず、得られた n 個のデータ $\{x_1, x_2, ..., x_n\}$ を χ とおく。

2. $\{1, 2, ..., n\}$ から等確率で整数を選ぶことを m 回繰り返す。つまり、$\{i_1, i_2, ..., i_m\}$ の整数列 K を生成する。なお、同じ整数を複数回選んでもよい（復元抽出）。

3. K に基づき、χ から $\{x_{i1}, x_{i2}, ..., x_{im}\}$ を取り出し、x^* とおく。

4. 2.と3.を B 回繰り返す。つまり $\chi^* = \{x^*_1, x^*_2, ..., x^*_B\}$ である。

5. χ^* のそれぞれから求めたい統計量を求める。

これは「ブートストラップ法」[18] と呼ばれるリサンプリングの手法である。計算統計学の中では古典的な手法の一つであり、シンプルだが非常に強力な推定手法である。また、「ブートストラップに伴う反復計算は並列化が容易」[19] である。

ここで、2017年の地価公示（n＝25,988）の平均値と標準偏差を使って正規分布に基づく乱数（正規乱数）を発生させた場合とリサンプリングの場合を比べてみよう。まず、図表7のヒストグラムは2017年の地価公示（自然対数値）である。

平均値、分散、標準偏差（SD）及び四分位数[20] は図表8のようになっている。

図表9は地価公示データの平均と標準偏差を用いて同数の正規乱数を発生させた場合のヒストグラムである。当たり前だが、正規分布の形状を示

---

18) 「ブートストラップ」という名前は「Pull yourself up by your bootstrap.（自分で何とかせよ）」という英語のイディオムに由来する。ブートストラップ法はEfron (1979) によって提案された。

19) 下平 (2011)。

20) 小数点第3位以下は四捨五入している。

図表7 2017年地価公示（自然対数値）

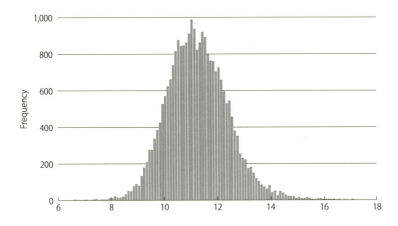

図表8 2017年地価公示の四分位数・平均値・分散及び標準偏差

最小値	25%点	50%点	平均値	75%点	最大値	分散	標準偏差
6.23	10.48	11.20	11.26	11.99	17.74	1.37	1.17

す。

　図表10は、リサンプリングしたデータのヒストグラムである。

　正規乱数の場合とリサンプリングの場合の平均、分散、標準偏差（SD）、四分位数は図表11のようになる。

　図表12は二つの分布の同一性をテストする2標本のコルモゴロフ・スミルノフ検定を、自然対数変換を行った地価公示のデータ（元データ）と正規乱数のケース、元データとリサンプリングで得たデータで行った結果である。

　正規分布を仮定して正規乱数を発生させた場合は帰無仮説を棄却でき、リサンプリングの場合は帰無仮説を棄却できない。

　図表13と図表14は地価公示データとその平均値と標準偏差から正規乱数を発生させたデータを重ね合わせたヒストグラムと地価公示データとリサンプリングによって得られたデータを重ね合わせたヒストグラムである。

図表9 正規乱数の場合

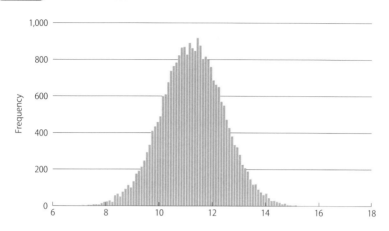

図表10 リサンプリングの場合

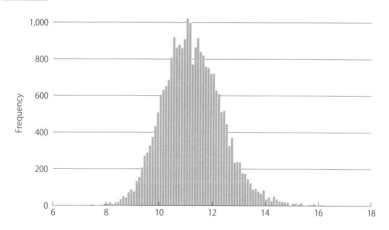

図表11 2017年地価公示、正規乱数、リサンプリング、それぞれの場合の四分位数・平均値・分散及び標準偏差

	最小値	25%点	50%点	平均値	75%点	最大値	分散	標準偏差
地価公示	6.23	10.48	11.20	11.26	11.99	17.74	1.37	1.17
正規乱数	6.48	10.47	11.26	11.26	12.05	15.92	1.36	1.17
リサンプリング	6.23	10.48	11.19	11.26	11.99	17.74	1.37	1.17

図表12 2標本のコルモゴロフ・スミルノフ検定の結果

分布	検定統計量D	p値
正規分布	0.021394	1.364e-05
リサンプリング	0.0031168	0.9996

図表13 正規乱数に基づくデータと地価公示データのヒストグラムを重ねた場合

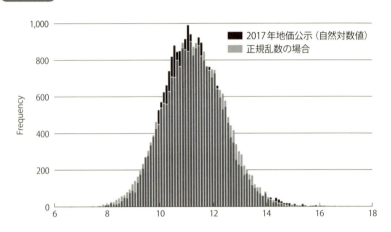

正規乱数を使った場合は微妙に異なり、リサンプリングの場合はほぼ一致する。

　不動産の価格推定では価格を何らかの方法（例えば、今回のような対数変換を含むべき乗変換）で変換し、モデルを構築するアプローチが一般的である。これは近似ではあるが、データが従う分布をあらかじめ想定する視点である。不動産市場の歪みを適切に表すような変換方法、変換のための時系列に従って変化する動的パラメータを探す試みは、同じ手法が常に正しいとは限らない。そもそも適切さを判断することとその正しさ、統計的検定を行う場合はその検定力そのものにも目を向けなければならない。他方、このようなデータに基づくシミュレーションは同じ近似だが、分布そのものが市場を直接表現する。これを解釈することはより実務的であろう。

図表14 リサンプリングに基づくデータと地価公示データのヒストグラムを重ねた場合

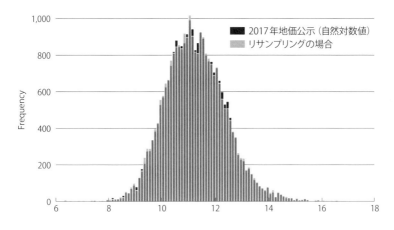

4 シミュレーションの応用

　さて、このようなシミュレーションはどのように使えるのかであるが、その一つが古くから提案されているダイナミックDCF法や感度分析である。下記は不動産鑑定基準で示されているDCF法（Discounted Cash Flow法）の式である。

$$P = \sum_{k=1}^{n} \frac{a_k}{(1+Y)^k} + \frac{P_R}{(1+Y)^n}$$

$$P_R = \frac{a_{n+1}}{R_n}$$

　P　　：求める不動産の収益価格
　a_k　：毎期の収益
　Y　　：割引率
　n　　：保有期間
　P_R　：復帰価格

$a_n + 1$ ： $n+1$ 期の純収益

R_n 　　：還元利回り

　これらの値に乱数を使うことがダイナミックDCF法の発想であるが、割引率や還元利回り（キャップレート）をどのように求めるかが重要になる。例えば、「金融資産の利回りに不動産の個別性を加味」[21] することを統計学の視点でみるとキャップレートと呼ばれるデータの生成構造を吟味することになる。例えば、下記のような回帰式[22] を考えられるだろう。

$$R_n = X\beta + e$$

　ここでは例として、不動産証券化協会（ARES）のJ–REIT個別保有不動産検索システムからダウンロードできるデータを用いて、期末時点NOI利回り（NOI×2÷期末算定価格）[23] を被説明変数とした回帰分析を行う。説明変数は不動産の個別要因として、各物件の「土地面積（自然対数値）」、「建物面積（自然対数値）」、「建築年（自然対数値）」、「土地権利の態様（ダミー変数)」[24]、「建物権利の態様（ダミー変数)」[25]、「建物用途（ダミー変数)」[26]、「用途地域（ダミー変数)」[27] を扱い、地域要因は「都道府県名称（ダミー変数)」[28] とし、経済的要因として各物件の期末時点の「日経平均株価（株式市場の市況として。ただし、前日差)」[29]、「国債（10年）利回り（金融資産の利回り及び

21）　国土交通省「不動産鑑定基準」、p.31 (https://www. mlit.go.jp/common/001043585. pdf)。

22）　もちろん回帰構造以外もありえる。

23）　なお、ここでNOIを2倍にしているのは、データのNOIが半期で示されているためである。

24）　データ出典：ARES J-REIT個別保有不動産検索システム (https://jreit-pdb.ares.or.jp/ pdb/index.fcap/ data)。なお、2016年以降に期末があり、かつNOI利回りが12.5％以下の物件を抽出した。

25）　複数の権利等が存在する場合、例えば「所有権・地上権」の場合は「・」で分割し、最初の要素である「所有権」をデータとしている。また、「所有権（準共有）」等と括弧書きがある場合でも、「所有権」として、ダミー変数を作成している。

26）　同上。

27）　同上。

28）　住所から正規表現で都道府県名を抽出した。

債券市場の市況として。ただし、前日差)」[30] を採用する。得られた回帰式が一定の信頼性を持つ場合、経済的要因を表す各変数のリサンプリングを行い、キャップレートの分布をシミュレートすることが意味を成す。

図表15、図表16は実際のデータで行った結果（ダミー変数以外）[31] である。

修正済R二乗は0.5092である。ここで得られた回帰式を $\theta(X)$ とする。ただし、日経平均株価（x_{nikkei}とする）と国債利回り（x_{bond}とする）以外の値が変化しない場合は $\theta(x_{nikkei}, x_{bond})$ である。

次に、$\theta(x_{nikkei}, x_{bond})$ を使用して、ある物件（残差が0、NOI利回りは0.050）のデータを使用し、経済要因である日経平均株価と国債利回りの値（経済シナリオ）を変化させ、先の回帰式に基づく利回りを計算することを10万回繰り返してみよう。具体的には次の手順である。

1. 日経平均株価の n 個のデータ $\{x_1, x_2, ..., x_n\}$ を X_{nikkei} とおく。
2. X_{nikkei} の標準偏差 σ_{nikkei} を計算する。
3. 国債利回りも1.2.と同様に X_{bond} から σ_{bond} を計算する。
4. $\{1, 2, ..., n\}$ から等確率で整数 $\{k_1, ..., k_{100000}\}$ を10万個選び、Xから x_k を取り出す。x_kは同じものが複数回選ばれてもよい。これを $X^*_{nikkei} = \{x_{k1}, ..., x_{k100000}\}$ とする。
5. 平均0、標準偏差 σ_{nikkei} に基づく正規乱数列 $\Xi_{nikkei} = \{\xi_1, ..., \xi_{100000}\}$ を発生させる。
6. $X^*_{nikkei} + \Xi_{nikkei} = \{(x_{k1} + \xi_1), ..., (x_{k100000} + \xi_{100000})\}$ を行い $\hat{X}^*_{nikkei}$ とする。
7. 国債利回りも同様に4-6の手順で $\hat{X}^*_{bond}$ を計算する。
8. $\hat{X}^*_{nikkei}$ と $\hat{X}^*_{bond}$ の m 番目の値（$m = \{1, ..., 1000000\}$）を使用して、$\hat{\theta}_m = \theta(\hat{x}^*_{m'nikkei}, \hat{x}^*_{m'bond})$ を計算し、$\Theta = [\hat{\theta}_1, ..., \hat{\theta}_{100000}]$ を得る。

この操作で得た10万個のキャップレート Θ の分布は図表17、図表18のようになる。

---

29) データ出典：日本経済新聞社（https://indexes. nikkei.co.jp/nkave/index/profile?idx = nk225）。

30) データ出典：財務省（http://www.mof.go.jp/jgbs/ reference/interest_rate/）。

31) この回帰分析は変数の作成や選択といった点から、線型性の仮定や自由度等に至るまで、様々な粗さや批判すべき点が存在する。なお、各ダミー変数の回帰係数については文末の付録を参照されたい。

図表15　ダミー変数以外の回帰係数

	回帰係数	標準誤差	t値	p値
切片	2.966e＋00	3.248e-01	9.133	＜ 2e-16
日経平均株価	−1.616e-05	1.893e-05	−0.854	0.393263
国債利回り	8.432e-02	6.417e-01	0.131	0.895473
ln（土地面積）	−7.931e-11	1.653e-10	−0.480	0.631387
ln（建築面積）	1.964e-08	1.031e-08	1.904	0.056998
ln（建築年）	−3.798e-01	4.267e-02	−8.900	＜ 2e-16

図表16　回帰分析の結果

R二乗	自由度調整済R二乗	F値（自由度）	p値
0.5373	0.5092	19.17（191,3154）	＜ 2.2e-16

　シミュレートしたキャップレートの中央値は0.049、平均値も0.049程度
である。実際のキャップレートは0.050程度（破線）であり、中央値とほぼ
同一ではあるが、若干高い。なお、得られたヒストグラムは正規分布のよ
うにみえるが、シミュレートしたキャップレートの平均値と標準偏差の正
規分布を仮定した1標本のコルモゴロフ・スミルノフ検定を行うと、検定
統計量D（p値）は0.0149（＜ 2.2e-16）となる。

　シミュレートした値（X^*_{nikkei}とX^*_{bond}）及び過去データ（X_{nikkei}とX_{bond}）の散
布図は図表19のようになる。

　実際に生じた組み合わせだけでなく、生じていない組み合わせ[32]につい
ても滑らかに計算できている。

　なお、シミュレートした値Θを分母にし、n＋1期の純収益を分子とすれ
ば、復帰価格の分布を求められる。また、最終的な収益価格を算出するに
あたっても、各要因に回帰構造を設定するなどして、同様の手法を使えば

32）　当然、今後生じるかはわからない。ただ、このようにして過去データとシミュレーション値
　　の比較を行い、対策を事前に講じておくことは重要である。

図表17 シミュレートした値のヒストグラム

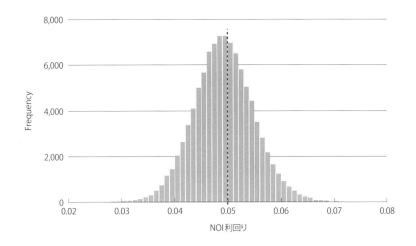

図表18 シミュレートした値の四分位数・平均値・分散及び標準偏差

最小値	25%点	50%点	平均値	75%点	最大値	分散	標準偏差
0.016	0.046	0.049	0.049	0.053	0.085	3.39e-05	0.006

よい。もちろん、こういった構造を増やすと計算量は増えるわけだが、その場合は並列計算によって対処できる。

さて、このような分布をどのように捉えるかは分析者次第だが、描かれたヒストグラムは個別の不動産が抱えるリスクを表す。状況を固定値（例えば平均値）のみで観察するよりは分布（例えばヒストグラム）で観察する方が情報量が多く、様々な想定が可能になる。

例えば、シミュレートしたキャップレートの95％は0.038から0.061の間に存在するため、この区間の外側に実際のキャップレートが位置する場合は、あまり起きないことが起きていることになる。何らかのアクションを取るべき基準となるかもしれない。また、取得前にこのようなシミュレーションを行えば、いつ時点でいくらで取得すべきかの検討材料にできる。投資家であれば、自身のポートフォリオ上の物件全てに対してこのような

図表19 シミュレートした値と過去データの散布図

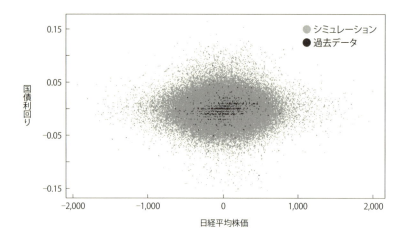

　計算をすれば、現在の利回りとシミュレーション上の利回りがどのような関係にあるかがわかるだけでなく、ポートフォリオのストレステストもできる。

　実務的には、損失を出さないことが極めて重要なことであるから、あらかじめ想定できることが多ければ多いほど事前に対策を講じやすい。実データを使ったシミュレーションは、実務家にとって情報を多く引き出すという点で一考の価値がある計算機の使い方である。なお、このような計算は決して大規模な計算環境は必要としない[33]。例えばREITの物件全て（数千件程度）にこのようなシミュレーションを行うことも現実的である。また、ある程度の規模の計算環境を用意すれば全国に6,000万以上ある建物にこのような事前計算を行うこともできる。

---

33) 今回のシミュレーションはMac Book Air (Early 2015) で行っている。OSはmacOS Sierra、CPUはIntel Core i5 1.6Ghz、RAMは8GB。ソフトウェアはRであり、特別な計算環境は用意していない。

5 おわりに

　さて、ここまで様々な論を展開してきた。シミュレーションはデータから
より多くの情報を引き出すために有用である。物件ごとに事前に想定でき
る選択肢が多ければ、事業者にとっての最適解を得る方法は今までと変わ
り、事業の規模や種類は関係なく優位性を持つことにつながるであろう。
新たなソフトウェアを活用できる者及びその周辺の職域が競争力の源泉と
なることも期待できよう。「不動産テック」の諸外国の例は参考になるかも
しれないが、変革をもたらす計算機の本質と向き合い、その可能性と使い
方を再検討し、実務に取り入れることが日本における不動産テックにとっ
て肝要である。

[参考文献]

以下に参考文献を示す. ここで示している文献は本稿で扱ったモンテカルロ法やリサンプリング以外
　　にMCMC (Markov Chain Monte Carlo) に関するものもある.

石島博・前田章・谷山智彦 (2011)、「不動産の価格とリスクの評価モデルとその応用」, 情報処理学会
　　論文誌 数理モデル化とその応用 Vol. 4 No. 2 pp. 1–12.

井上亮 (2007)「時空間クリギングによる地価推定に関する研究」, 平成19年度土地関係研究推進事業
　　研究成果報告書 (http://www.lij.jp/info/sien/sien19/inoue.pdf).

大森裕浩・渡部敏明 (2011)「第9章 MCMCとその確率的ボラティリティ変動モデルへの応用」, 21世
　　紀の統計科学1 社会・経済の統計科学 第III部 ファイナンス (金融) と保険の統計学 日本統計学
　　会HP版 2011年11月 (http://ebsa.ism.ac.jp/ebooks/sites/default/files/ebook/1856/pdf/vol1_ch9.
　　pdf).

佐久間誠・矢嶋康次 (2016)「J-REITのインプライド・キャップレートを使った金利感応度分析」,
　　土地総合研究 2016年秋号 (http://www.lij.jp/html/jli/jli_2016/2016autumn_p112.pdf).

下平英寿 (2011)「第8章 ブートストラップ」21世紀の統計科学3 数理・計算の統計科学 第III部 統
　　計計算の展開と統計科学 日本統計学会HP版 2011年10月 (http://ebsa.ism.ac.jp/ebooks/sites/
　　default/files/ebook/1881/pdf/vol3_ch8.pdf).

杉田洋 (2012)「モンテカルロ法の数学的定式化」(http://www.math.sci.osaka-u.ac.jp/~sugita/
　　Public/imath/ipaper/MCM_SS_digest.pdf).

株式会社住信基礎研究所 (2006)「不動産投資リスク評価手法の開発に関する研究」(http://trust-mf.
　　or. jp/business/pdf/download/20130218111154.pdf).

Efron, B. (1979), "Bootstrap Methods: Another Look at the Jackknife", *Annals of Statistics*, Vol. 7,
　　No. 1, pp. 1–26.

Efron, B. (2012), "Bayesian inference and the parametric bootstrap", *Annals of Applied Statistics*,

Vol. 6, No. 4, pp. 1971–1997.

Geweke, J. (2004), "Getting It Right: Joint Distribution Tests of Posterior Simulators", *Journal of the American Statistical Association*, Vol. 99, No. 467 (Sep., 2004), pp. 799–804.

Hoshino, T. and Nakanishi, H. (2016), "Economic Valuation of Environmental Quality Using Property Auction Data: A Structural Estimation Approach", *Land Economics*, Vol. 92, No. 4, (Nov., 2016), pp. 703–717.

Rosen, S. (1974) "Hedonic prices and implicit markets: product differentiation in pure competition," *The Journal of Political Economy*, Vol. 82, No. 1, pp. 34–55.

付録

下記は各ダミー変数の回帰係数を表した図である。回帰係数の有意性（p値）は凡例で示す。また、各回帰係数のエラーバーは回帰係数を中心に加減した標準誤差を表す。

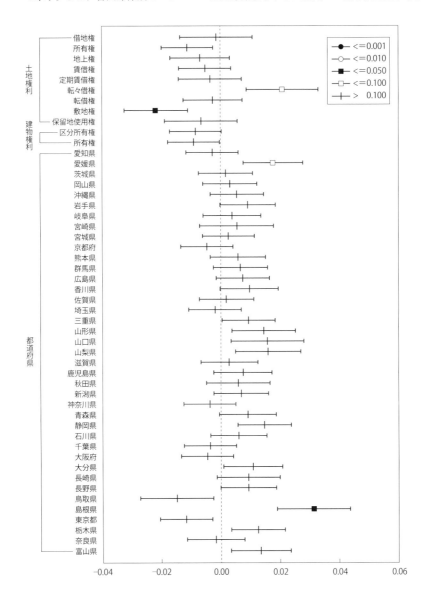

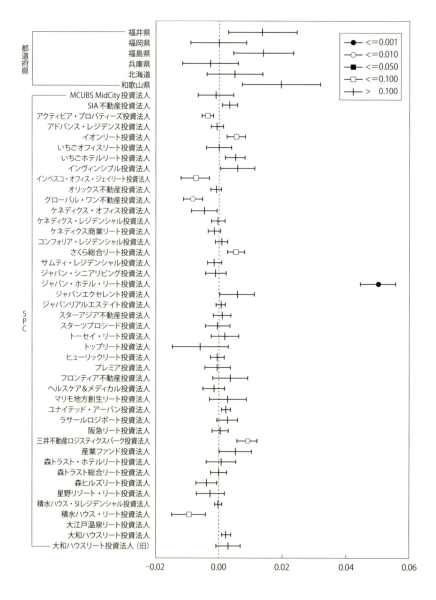

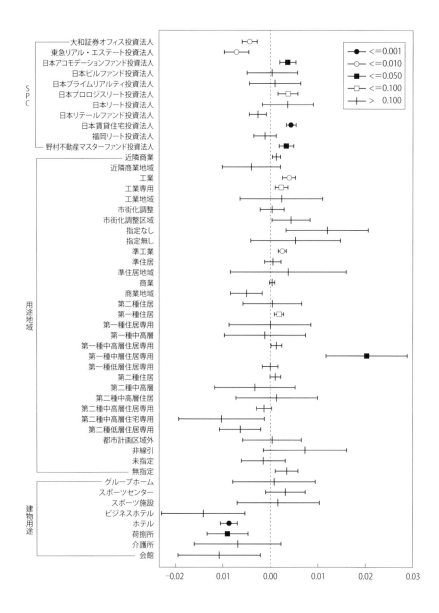

第10章 計算統計の不動産実務への応用

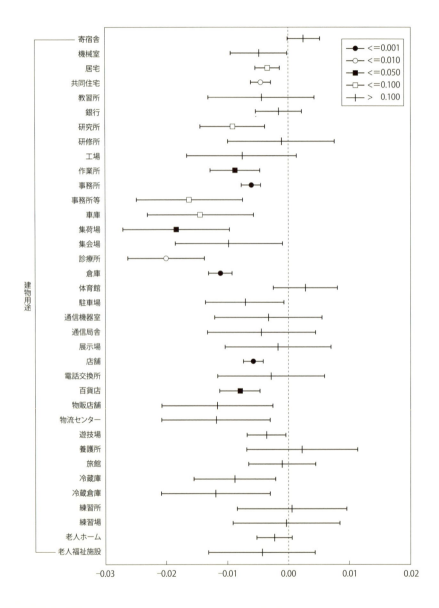

第11章

国内不動産テックの現状から未来を考える

株式会社リブセンス 不動産ユニット ユニットリーダー
芳賀 一生

1 はじめに

『スマートフォン所有率78%』[1]

　株式会社博報堂DYメディアパートナーズが2017年6月20日に発表した「メディア定点調査2017」によると、国内のスマートフォン所有率は既に8割に迫ろうとしており、中でも中高年層（40代〜60代）の所有率が顕著に伸びているそうだ。5年前の同調査によれば、スマートフォン所有率は31%しかなく、ほんの5年で倍以上も普及したことになる。

　また、米国のTechnologyReviewでは、テクノロジー別に人口浸透率が10%を超えるまでの期間について調査をしている[2]。この調査では、電気が誕生してから浸透率が10%に到達するまでに30年という歳月を要しているのに対し、スマートフォンに関しては7年、タブレットは3年程度で10%

---

1) 博報堂DYメディアパートナーズ「メディア定点調査2017」時系列分析より。
　 http://www.hakuhodody-media.co.jp/wordpress/wp-content/uploads/2017/06/
　 HDYmpnews20170620.pdf

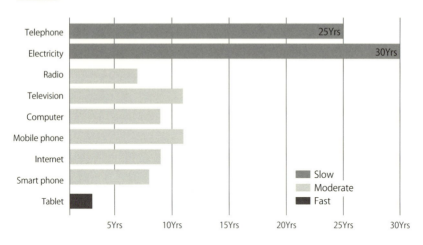

図表1　Time from consumer availability 10% penetration

まで浸透している（図表1）。この調査結果だけでも、現今のテクノロジー浸透スピードが急速な変革を迎えていることが容易に把捉できる。

　そして、スマートフォン、タブレット端末の急速な普及は、インターネット経由での商品購入はもちろんのこと、ゲーム、音楽、電子書籍などのデジタルコンテンツ領域の活性化や、教育、金融、医療サービスまで、広範な産業のビジネス構造を変化させている。

2　国内不動産業界のIT化遅れ

　日本独自の商慣習が根強く残る不動産業界は、残念なことにIT活用が遅れている産業と言われている。2012年度に総務省でまとめられた「情報通

---

2) MIT Technology Review
　　Business Report Are Smart Phones Spreading Faster than Any Technology in Human History?
　　https://www.technologyreview.com/s/427787/are-smart-phones-spreading-faster-than-any-technology-in-human-history/

図表2 産業別ICT利活用状況（スコア）

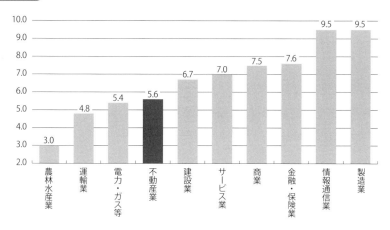

信白書」の産業別ICT利活用状況スコアによると、全産業平均6.7に対して不動産業は5.6と低い評価である[3]（図表2）。

　この評価の内実として、仲介会社と管理会社間でやり取りされる工程に焦点が当てられることが多い。例えば、仲介会社が個別物件の空き情報をリアルタイムに取得するためには、電話で当該物件の管理会社に確認を仰ぐ必要がある。顧客から空室情報の確認、内覧希望を受けるたびに空き情報確認、鍵の保管場所を聞かなければならず、管理会社は常に電話対応に追われてしまうのだ。他にも紙資料の多用、FAXや電話での連絡、対面による商談の常態化など、アナログ業務が消えていない実情は現場を見るだけで把握できる。

　では、IT活用の遅れを助長させる原因はどこにあるのか。その原因は、消費者にとって不動産は高額であり、「一生に何度も買えるものではない」という商品特性が起因している。この高額商品を顧客に売り切るためには必然的に営業至上主義になりやすく、それがIT活用の遅れを招いていると推測ができる。営業組織は一般的に成果が明確化されるため、互いを比較

---

3) 産業別ICT利活用状況（スコア）。
　総務省 平成26年版情報通信白書「我が国産業界におけるICT投資・利活用の現状」http://www.soumu.go.jp/johotsusintokei/whitepaper/ja/h26/html/nc121120.html

しやすく序列化する傾向にある。そして、その傾向に拍車をかけるような仕掛けが組織内に点在し、ノルマや歩合によって業務フローが属人化されていく。この属人化を受け入れようとすると、売れる営業マンの声が優先され、IT活用の敷居が高くなってしまう。

3 米国で浸透する不動産テック

　そもそも、ITの基盤となるインターネット（internet）とはどういった特性があるものだろうか。interとは中間とか間、相互といった意味を持っている。語源的にはネットワークとネットワークをつなぐものをインターネットと呼んでいるわけだが、実は不動産業界で使われている「仲介」という英語は「intercession」となり、ここにもinterが使われている。インターネットが「ヒトとヒト」「ヒトとモノ」に対して相互コミュニケーションが可能となる中間を司るものなのであれば、不動産仲介が提供する「不動産とヒト」の間を取り持つサービスは、インターネットで代替できる領域が多いと考えることは自然の流れだ。少子高齢化が深刻化する現代では、中古住宅の流通促進・活用が内閣府から打ち出され、「不動産とヒト」を取り持つIT化は改めて注目されている。

　そして、不動産業界のIT化を象徴するキーワードに、「不動産テック（Real Estate Tech）」という言葉が使われ始めている。不動産テックとは「不動産」と「テクノロジー」を掛け合わせた造語であり、言葉の源流は米国の「Real Estate Tech」が起源である。

　では、米国で不動産テックがなぜ注目されるようになったのか。その理由としては、情報処理技術やモバイルブロードバンドの急速な高度化、そしてデータの収集・保存にかかるコスト低減によって、従来は収集されずに捨てられていた細かなデータを大量に取り扱えるようになったからだ。それ以外にも、1990年代以降、米国の中古住宅流通量が約300万戸／年から約700万戸／年まで倍増した一要因である、網羅的な物件情報データベース（MLS：Multiple Listing Services）の存在が大きい（図表3）。MLSで

図表3　MLS.COM

（出所）http://www.mls.com/

は、不動産業者が得た売り物件情報を24時間以内にMLSシステムに登録することが義務付けられ、800以上の州でこのルールが徹底されている。

　米国においては、不動産エージェント（不動産営業マン）が物件情報をリアルタイムに入力するという厳格なルールや、その物件データをウェブ上で簡易に取り扱えるようになるInternet Data Exchange（IDX）やReal Estate Transaction Standard（RETS）などがあり、物件データ活用のための土台がしっかりと整えられている。このように、いくつかのコンテクストにより、米国の不動産テックの浸透が飛躍的に向上し、中古住宅流通の活性化につながっている。今後、日本の不動産業界でも注目されているビッグデータやAI（人工知能）などの最新技術を本格的に活用するためには、その基礎となるREINS（レインズ）への正しいデータマネジメントが不可避であり、未来に向けて有益なデータを残していくルールや環境整備が急がれている。

4　米国に10年遅れる国内不動産テック

　2014年は国内不動産テック元年と言える。国内最初の不動産テック企業は「ソニー不動産」だろう。不動産の購入側を仲介するチームと売却側を仲介するチームを完全に分断し、米国に類似した「エージェント制」を始めた。また、Yahoo! JAPANと共同で「おうちダイレクト」を開始し、CtoCに近い不動産サービスも提供している（図表4）。同年7月からは株式会社マンションマーケットが提供するマンション相場情報サイトや、株式会社おたにが提供する不動産価格の予測サービス「GEEO」が開始され、翌年2015年は次々とオンライン上で不動産価格査定を提供するウェブサイトやスマートフォンアプリがリリースされた（図表5）。

　このように国内不動産価格査定メディアを提供する企業が参考にする不動産メディアが米国にある。それはシアトルに本社を置く米国最大手の不

図表4　おうちダイレクト

（出所）https://realestate.yahoo.co.jp/direct

図表5 国内オンライン価格査定サービス例

リリース年月	サービス名	サービス概要
2014年4月	ソニー不動産	エージェント制の仲介サービスや「ソニー不動産物件探索MAP」というツールを用いて顧客への市場情報の提供。
2014年7月	マンションマーケット	マンションに特化した相場情報サイトと仲介サービスをワンストップで提供。
2014年10月	GEEO	地図をクリックまたはタップで指定した条件に基づく不動産の価格を算出。
2015年7月	VALUE	人工知能（AI）を活用した不動産投資家向け物件情報配信サービスを提供。
2015年8月	HowMa	日本全国の不動産（一戸建て、マンション）の市場価値を自動的に査定し提供。
2015年8月	IESHIL	ビッグデータを用いた透明性の高いデータ分析によって、首都圏27万棟のマンションの相場価格を部屋別に算出し提供。
2015年10月	HOME'Sプライスマップ	物件の価格データベースと参考価格試算システムを独自開発し、地図上で物件の参考価格を参照できるサービスを開始。
2015年10月	ふじたろう	中古マンション売買時の指標となる相場情報を、検索・閲覧・比較することのできる不動産情報サイトの提供を開始。
2015年11月	おうちダイレクト	Yahoo!不動産で「不動産売買プラットフォーム」を開設し、CtoC取引サービスを展開。
2016年3月	Gate.	人工知能を活用した投資用不動産の取引サービスを提供。
2016年3月	Smoola	日本国内の不動産相場が丁目・字名単位でわかるサイトを提供。
2016年5月	マンションバリュー	マンションの現在の中古価格や値上がり値下がりといったマンション相場情報を提供。

動産メディア「Zillow（ジロウ）」だ。Zillowは2006年の設立以降、住宅価格を推計したZestimate（ゼスティメート＝Zillow＋Estimate）という不動産価格査定モデルを活用して、独自に不動産価格を査定し無償公開をしている（図表6）。

　Zillowは現在販売されている物件だけではなく、米国内の約1億1,000万世帯のデータを保持しており、Zestimateによる物件の価格査定に加えて、

図表6　Zillow.com

Data Coverage and Zestimate Accuracy Table Choose a location type below to change data: Top Metro Areas States/Counties* National	Zestimate Accuracy	Homes on Zillow	Homes With Zestimates	Within 5% of Sale Price	Within 10% of Sale Price	Within 20% of Sale Price	Median Error
Atlanta, GA	★★★	2.1M	1.9M	46.4%	69.5%	85.1%	5.6%
Baltimore, MD	★★★	994.0K	968.0K	47.6%	67.8%	83.0%	5.4%
Boston, MA	★★★	1.6M	1.5M	42.4%	68.4%	87.0%	6.1%
Charlotte, NC	★★★	969.4K	810.0K	45.8%	69.5%	85.7%	5.7%
Chicago, IL	★★★	3.3M	3.1M	44.3%	68.1%	85.2%	5.9%
Cincinnati, OH	★★	824.8K	718.3K	40.3%	62.9%	80.4%	6.8%
Cleveland, OH	★★	829.1K	734.8K	39.7%	60.7%	79.5%	7.0%
Dallas-Fort Worth, TX	★★★★	2.2M	2.0M	52.4%	75.7%	90.6%	4.7%
Denver, CO	★★★★	970.4K	886.8K	51.9%	77.8%	92.8%	4.8%
Detroit, MI	★★	1.8M	1.7M	41.1%	64.4%	82.3%	6.4%

Last updated: May 31, 2017

（出所）https://www.zillow.com

1年、5年、10年などの経年による物件の価格変化や、未来の価格予測も公開する。また、ユーザーに提供されているユニークな機能として、リフォームや大型家具購入など、その物件に大幅な変更があった場合、ユーザーはその情報をサイトに提供することで物件価格を変化させることも可能だ。このZillowが設立された2006年から10年弱で、日本でも類似サービスが立ち上がり始めたということになる。

　しかし、国内不動産テックの中心とも言える価格査定サービスも課題が多い。国内の多くのデータ取得方法がウェブクローリング（プログラムがインターネット上のリンクをたどってウェブサイトを巡回し、ウェブページ上の情報を複製・保存すること）によって収集されており、ウェブ上で公開されている不動産価格を参考にデータ分析をするしかないという実情があるためだ。そのため、リアルタイム性の担保や、正しい成約価格分析が難しく、一定以上の価格査定品質を作り上げることができないのである。

　米国では物件と取引データの入力徹底、共有化の義務、先進的なオープンデータ基盤が今の不動産テックを作り上げており、不動産テック企業同士もその基盤の上で消費者視点のサービス作りを切磋琢磨している。この循環によって信頼できる不動産市場を形成し、消費者側も安心して活発に

中古住宅を売り買いすることができるのだ。やはり、このような背景を踏まえると、まずはルールによる厳格なデータ入力の徹底、そして不動産関連のデータマネジメントの質を上げていくことが国内で良質な不動産テックを波及させる重要なファクターとなる。

5 デジタルトランスフォーメーション

今後の国内不動産テックはどのように進化していくのか。それは「デジタルトランスフォーメーション」というキーワードが示唆している。デジタルトランスフォーメーションとは、ITの浸透が人間の生活をあらゆる面でよい方向に変化することを指す。簡単に言ってしまえば、企業や社会をデジタル化することで、経済構造や社会を変革することを意味している。既に金融業界で活発な「FinTech(フィンテック)」や、ドイツで積極的な製造業向けの「インダストリー4.0」、あらゆるモノがインターネットにつながる「IoT(Internet of Things)」など、最新テクノロジーは、かつてないほどのペースでビジネスや生活に変化を起こし続けている(図表7)。

そして、これから国内不動産業界で起ころうとしているデジタルトランスフォーメーションは産業構造を大きく変化させるものだ。これまでのITが担ってきた役割は、各産業の業務効率化のためのツールであり、既存産業を縁の下で支える役割が中心であった。しかし、今後のITは既存産業それ自体を変えるインパクトを保持しているのである。例えば、「Amazon(アマゾン)」がその代表例だろう。

ジェフ・ベゾスCEO率いるAmazon(1995年〜)はシンプルなオンライン書籍店から始まった。その後は次々と商品ラインナップを増やし、今では完全に総合ECプラットフォームとして世界中で利用されている。そして、Amazonは実店舗の展開も推し進めてきた[4]。ニューヨークでオープンした

---

4) Amazon to Acquire Whole Foods Market.
　http://phx.corporate-ir.net/phoenix.zhtml?c = 176060&p = irol-newsArticle&ID = 2281414

図表7 広義の国内不動産テックサービス例

No	カテゴリ	サービス例
1	AI	IBM Watson、ノマドクラウド
2	IoT	NinjaLock、iecon
3	FinTech	MOGE CHECK、MoneyForward
4	シェアリング	Airbnb、スペースマーケット
5	クラウドファンディング	OwnersBook、TATERU FUNDING
6	CtoC	おうちダイレクト、Housmart
7	業務効率化（チャット接客、VRなど）	VR内見、ietty、ぶっかくん
8	ブロックチェーン	bitFlyer、Chaintope

書店や、シアトルでオープンしたスーパーマーケットが一例である。そんなAmazonが2017年初頭にコンビニエンスストア事業にも参入し話題となっている。コンビニの名前は「Amazon Go（アマゾン・ゴー）」。顧客は欲しい商品をバッグに入れ、そのまま店舗を出るだけで自動的に代金の支払いが完了する新時代コンビニである。そして、このAmazon GoがまさにIoTやAIなどの最新技術によって実現されている。この顧客体験は店内に張り巡らされたセンサーが、顧客の手に取った商品を識別し、その顧客が店を出たのかを認識することで実現されている。顧客はAmazonアカウントさえ持っていれば、レジを通らずに店を出るだけで決済が完了する仕組みだ。従来はオンラインだけでサービスを展開してきたIT最大手のAmazonが、その技術力と顧客アセットを融合し、実店舗市場にも進出してきている。既存のリアル店舗を展開するスーパーやコンビニからすると、これは大きな脅威となるだろう。

　また、デジタルトランスフォーメーションの象徴的なサービスと言えば、それは「シェアリングエコノミー」だろう。シェアリングエコノミーとはインターネットを介して個人が保有している遊休資産の貸出を仲介するサービスを指している。発祥は、2008年にいわゆる「民泊」の仲介サービスを始めた米国の「Airbnb（エアビーアンドビー）」と言われている。Airbnbは世界中に空き部屋などを持つ宿泊場所の提供者（ホスト）と宿泊場所を探してい

図表8　Airbnb

(出所) https://www.airbnb.jp/

る旅行者（ゲスト）をつなぐ、空きリソースを活用したインターネット上のプラットフォームである（図表8）。現在は世界192カ国で提供され、会社評価額300億ドル（約3兆円）を超えた。このAirbnbのようなシェアリングエコノミーのメリットは企業の仲介が減少し中間マージンが抑えられ、これまでより低料金でサービスやモノを手にすることができることである。また、サービス提供側としては利益が生まれなかった遊休資産が気軽に活用できる。

　国内でもこのAirbnbが上陸し、大きな問題が起きた。それはAirbnbの利用が法律に抵触するかどうかという問題だ。日本の法律では、宿泊期間が1カ月未満の施設において、原則として旅館業法が適用され、所定の営業許可が必要となっている。しかし、日本に溢れ出した外国人のインバウンド（外国人訪日客）需要の解決策として、国が規制緩和に動き、住宅宿泊事業法案が閣議決定されたのである。民泊受け入れの条件として、住宅宿泊事業法案では、住宅宿泊事業者の届出制度を新設した。そして、民泊として自宅などを利用する場合は、年間提供日数が最大180日（泊）まで許容される。また、住宅宿泊仲介業および住宅宿泊管理業者の登録制度を創設することが決定され、既に事前届け出・登録は開始されている。そして、2018年6月15日から正式に国内で民泊が開始されるのである。

　このAirbnbと国内不動産業界との間は、近接する関係にある。現在、新

築マンションの主戦場首都圏では発売戸数が低迷し、大手の寡占化が進行している。物件にもよるが、多くが相続税対策や投資目的の購入となっており、結局は賃貸市場に流出する物件が多い。そのため、運用時に空室が発生してしまうと、管理費や固定資産税が持ち出しとなりオーナーは赤字となってしまう。この空室マンションをAirbnbで穴埋めするニーズが上がってきており、インバウンド需要も重なることで今後は国内でもAirbnbに提供する物件数が増大することが予期できる。

　このように、デジタルトランスフォーメーションは従来の業務効率化のためのIT活用だけではなく、Amazon GoのようにIT×コンビニという新たな産業を創出させるような変化や、Airbnbのように住宅の空き家や空室対策、インバウンド需要の受け皿として活用できるソリューションであったりする。

　そして、国内不動産業界のデジタルトランスフォーメーションはこれからが本当の意味で本番となる。危惧しなければいけないことは、Airbnbのような外資系サービスの多くはディスラプター（破壊者）とも呼ばれていることだ。Airbnbの到来で、フランスでは1日に1軒のホテルが廃業、倒産に追い込まれている。以前であれば、国内で規制や商習慣が存在していることから、IT化による新事業の発展余地はそれほど大きくないだろうと考えられてきていた。しかし、Airbnbの上陸が示唆しているように、消費者に認められるITサービスは規制も通用しない。消費者が利便性を感じて一定の市民権を獲得したサービスは逆に規制が変化してしまうことをAirbnbが体現している。

　残念なことに、従来から国内で産業構造に巨大な変化が生じる事象は外資系IT企業によるものばかりだ。頻出する議論としては、「欧米と日本では商習慣が異なるため変化は起きない」「自社の損失につながる戦略は容認できない」「既存サービスの利益を圧迫するため、新規サービスは打ち出せない」といった類の意見である。不動産という日本の国土そのものを生業とするサービスである不動産業界だからこそ、視点を大きく変え、国内企業の集合知によってグローバルでも劣らない日本の不動産テックを作り上げていきたい。

第12章

米国不動産業における
MLSと不動産テックの最新動向

一般社団法人日米不動産協力機構（JARECO）研究員
和田 ますみ

1　はじめに――米国の不動産エージェントの業態と特徴

　米国では、売り主もしくは買い主と媒介契約を結んで住宅売買の最前線で仲介業務を行う不動産エージェント（セールスパーソン）は、経営と営業活動の明確な分業体制の下でブローカーに所属して活動を行っている。日本のような雇用契約により給与報酬をもらう会社従業員ではなく、自営業者としてブローカーとの間で契約を結び、反対にエージェントがブローカーに対して所属フィーおよび仲介手数料報酬の一定割合をコミッションとして支払う形態をとっている。

　ブローカーは所属エージェントに対して、オフィスの利用、法務面でのサポート、プロフェッショナルトレーニング、専門家賠償保険など、各種サービスを提供すると共に、エージェントが効率的にマーケティングや営業活動を行えるように、テクノロジーを駆使したさまざまな業務システムを提供している。

　また、エージェントは、自分が活動する地域のMLS会員（次ページ参照）となり、エリアの不動産物件情報にアクセスすることで売買物件のマッチ

ングを行う。エージェントは、個々人が独立した事業の経営者であり、自らの業務をいかに正確・効率的に行うかが成功への重要なキーポイントとなっており、そのために用意されたMLSを含む各種の業務支援ツールを駆使して、日常の不動産業務を行っている。業務のIT化は彼らにとって競合他社との差別化を図る重要な課題であり、米国においてはこうしたエージェントに向けて、日進月歩で進化するテクノロジーを取り入れた多種多様な不動産関連システムが次々に出現している。本稿では、米国の、特に居住用不動産の仲介に携わる不動産エージェントがどのような不動産テクノロジーを活用しているかについて、最新のトレンドも含めて紹介していく。

2 MLSの概要と提供サービス

MLSとは、"Multiple Listing Service"の略称で、地域の不動産業者が会員となり、物件情報システム（Listing System）による地域の不動産情報共有を中心としたさまざまなサービスを提供する会員制組織のことである。2016年時点で、米国全土に約770のMLS組織が存在すると言われており、小規模なものでは数百人規模（町単位）から大規模なものでは数万人単位のMLSが会員にサービスを提供している。MLS組織には、規模の大小、組織の形態、サービスの範囲などにより、さまざまなバリエーションが存在する。約770あるMLSのほとんどは、地域のリアルター協会（全米リアルター協会（NAR：National Association of Realtors®）の傘下組織）が所有・運営しており、シアトルのNWMLS、南カリフォルニアのCRMLSのような独立系のMLSは12組織ほどを数えるのみである。しかし、これらの独立系MLSは、専業の民間組織である点から、サービスや規模を拡大して数万人規模のメンバーを有する大規模なMLSが多い。

MLSは、地域で売買される不動産物件情報を集約したデータベースをもとに、不動産事業者にさまざまなサービスを提供している。その中でも一番大きな役割を果たしているのが、MLSリスティングシステムと呼ばれる

不動産物件情報の検索システムである。不動産業者はエージェント単位で一人ひとりがMLSの会員となり、発行されるユーザアカウントを使ってMLSリスティングシステムにログインして、物件の売り情報、買い情報のマッチングをもとに不動産の売買業務を行う。

MLSに登録される物件情報は、リスティングシステムを通じてすべての会員がアクセス可能なことから、エージェントはこのサービスを利用して、自分が活動している地域で売りに出されている物件を、買い手が希望する条件に応じて、網羅性のあるデータベースの中から探して提案することができる。

MLSでは、不動産取引がすべての会員にとってフェアに行えるようにするために、物件掲載情報の記載方法、情報の取扱い方、成約時のステータスの速やかな変更など、数々のルールが決められており、会員はこれらのルールに厳粛に従うことが活動の条件となっている。ルール違反が発生するとMLSは会員に対して、勧告・罰金などのペナルティを課すのみならず、最悪の場合はメンバーから除外する措置を行う。これはエージェントにとって営業上の死活問題である。このことにより、地域の不動産業者間でルールを守り、物件を持ち合い（MLSに隠すことなく登録する）、公平で効率的な不動産仲介業務を行うことが可能となっている。

MLSが提供するサービス

MLSと聞くと、エリア中の物件が集約された網羅的なリスティングシステム（物件検索システム）をイメージすることが多いが、MLSはMultiple Listing Service が意味するとおり、リスティングシステム以外にも、さまざまなサービスを会員の不動産事業者に対して提供している。提供するサービスの種類はそれぞれ各MLS組織により独自に採用が行われているが、一般的には次のようなカテゴリーのサービスが提供されることが多い。

①MLS物件情報システム

・MLSリスティングシステム＋不動産履歴情報システム

　（B2B：不動産業者向けシステム）

・パブリックMLSリスティング公開サイト

（B2C：消費者向けシステム。B2B版のMLSリスティングシステムよりは物件の詳細情報は少ない（個人情報に関するものなどは省略））

・モバイル版のMLSリスティングシステム

（B2B、B2Cそれぞれのリスティングシステムのモバイルアプリ版）

②不動産業務支援ツール

・ロックボックス

・共通契約書（電子フォーム）、電子サインシステム

・顧客管理システム、トランザクション管理システムなど業務支援システム

・ローンシミュレーター、クロージングカリキュレーター、eフライヤー（チラシ自動作成）などの業務支援ツール

③トレーニング

（MLSリスティングシステムやロックボックス、その他業務支援システムの利用方法、MLSメンバーシップルールの尊守、倫理綱領（NAR）など）

④ニュース・マーケットレポートの提供

⑤看板、ロックボックス、書籍などの物品販売、印刷代行など

3 不動産履歴情報と物件データの流れ

　日本では、不動産業者は自社が持つ物件を、REINS、自社のホームページ、所属する協会の物件サイト、B2Cポータル（229ページ参照）など、複数の物件情報サイトへ出稿する際に、それぞれのサイトの物件登録ページに情報を入力して掲載を行うことが多い。また、物件の登録にあたっては用途地域など不動産業者自身が詳細な物件調査を行った上で情報を登録する必要がある。米国のエージェントも、物件情報の登録を自ら行うのは同じであるが、次に述べる2つのサービスが多くのMLSで提供されており、物件登録に要する手間の軽減と、一つの物件に対して消費者に提供することができる情報量の多さを実現している。

（1）不動産履歴情報システム（不動産情報ストックデータの閲覧）

　物件の過去の売買履歴、歴代の所有者と売買時の価格、ローンの額や債権者名、直近数年間の固定資産税の評価額、競売履歴など、パブリックレコードと呼ばれる公的履歴情報をデータベース化して提供する民間機関のサービスにより、エージェントは自らが法務局などの機関に出向くことなく、該当物件の詳細な履歴情報をMLSと連動した不動産履歴情報システムから入手することができる。

　米国には、パブリックレコードやオープンデータを収集・データ化して提供する民間企業（データブローカーとも通称される）が存在し、多くのMLSではデータブローカーが提供する不動産履歴情報システムをMLSリスティングシステムと連動して利用できるようにしている（図表1）。不動産分野のデータブローカー企業はタイトルインシュアランス会社やローン会社の

図表1 米国における不動産情報連携の仕組み（シアトルNWMLSエリア内で入手可能な不動産情報の例）

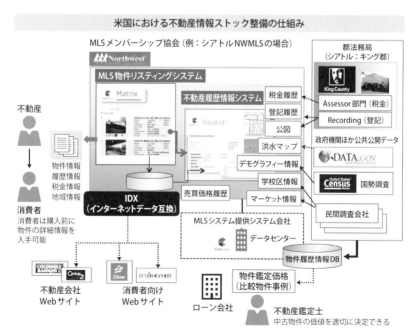

データ部門が独立してできた会社（例：First American Title Insurance Companyの旧データ部門であったCoreLogic社やFidelityグループのモーゲージデータ部門から発生したBlackNight社など）が多く、長年蓄積された不動産履歴情報の巨大なデータベースを駆使して、不動産取引に関するいろいろな側面のデータをMLSを通じてエージェントに提供している。

例えばCoreLogic社の場合、全米の居住用不動産の99％、商業用不動産の97％の履歴情報を保有しており、同社の不動産履歴情報システムRealist®を利用すると、MLSで検索した物件の比較対象物件（近似スペックで直近に販売されたもの）や、近隣物件の詳細な履歴情報を瞬時に比較レポートとして生成することができる。また、MLSや登記情報に登録された売買価格（Sale Price）をもとにエリアの価格変動などのマーケット動向、国勢調査やハザードマップなど、各種オープンデータからアグリゲーションしてきた不動産を購入する際に参考となるさまざまな情報を物件で串刺しに

図表2　MLSリスティングシステムと物件履歴情報システムから書き出されるレポートの情報項目

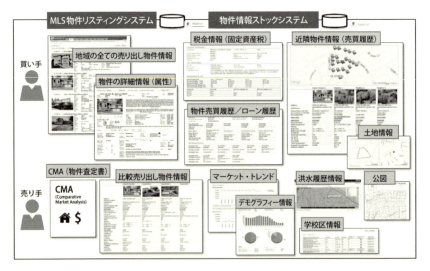

してレポートとして出力できる（図表2）。エージェントはこのレポートをもとに売り手に対してCMA（Comparative Market Analysis：物件査定書）を作成して、媒介契約の提案を行うための資料としている。買い手側にとっても、購入検討中の物件の詳細な履歴やエリア情報をもとに判断を行うことが可能となり、透明性の高い不動産市場を下支えするツールとして、米国内の多くのMLSで活用されている。

（2）共通データ仕様（RETS）とIDX（データ互換技術）によるデータ連携

多くのMLSではMLSリスティングシステムにIDX（Internet Data Exchange）技術を搭載しており、エージェントが登録した物件情報を、MLSシステムが持つIDXサーバ機能を通じて、外部のB2Cポータル、ブローカーのホームページなど各種の媒体に自動的に送信することができる。このことにより、米国のエージェントは、物件の登録は所属するMLSに入力をするだけでよく、あとはIDX機能によりMLSのサーバより各種のリスティング媒体システムへ情報が定期的に自動送信／更新される仕組みとなっている。IDXサーバによる物件情報の送信／更新は、数時間に一回〜一日一回といった高頻度で自動的に行われるため、どの提携媒体においても、最新の物件情報を同期して検索・閲覧することができる。MLSによっては、エージェントやブローカーがシンプルなHTMLタグ（ウェブサイト記述用の言語）を配置するだけで、自社のホームページにエリア内の物件を検索・閲覧する機能を簡単に搭載できる機能も提供している。

これらのデータ連携は、MLSリスティングサーバと連動して動いているRETSサーバと呼ばれる特別なサーバにより容易に実装することが可能である。RETSとは、"Real Estate Transaction Standard"の略であり、全米のMLSや不動産関連サービス会社により構成されるRESO（Real Estate Standards Organization）コンソーシアムにより定義された、米国内で不動産情報を取り扱う際のデータの標準互換形式のことである。RETSでは、不動産情報のデータベース形式（データベーステーブル設計定義）やその情報を通信し合う際のプロトコル（APIなど）が定義されており、多くのMLSが

図表3 JARECOで試験運用しているRETSサーバの例

簡単な設定をするだけで、リスティングシステムに格納された物件情報を必要な形式に変換して相手先サーバへ送信することができる。

RETS形式に準拠した形で物件情報を格納していることにより、他のサービスとの間でも同一のデータ形式・プロトコルで情報をやりとりすることが可能となっている（図表3）。

　もう一つのIDX（データ互換）技術の機能は、APIによる他のアプリケーションとの連動である。RETSでは、データベース構造（データベーススキーマ）だけでなく、データを取り扱うための仕様であるAPI（Application Programming Interface）も定義されており、外部のアプリケーションからMLSのRETS仕様データに対して共通のインターフェース方式で情報の入出力が行えるようになっている。例えば、各種の契約書を自動生成するようなアプリケーションであれば、物件のMLS番号を指定することで、RETSのAPIインターフェースを通じてMLSデータベースから物件の住所や所有者などの必要情報を取り出して契約書内に自動的にセットするなどの機能を実装することができる。

　このように、全米のMLSリスティングシステムが共通のデータベース仕様（RETS）を持つことと、それにアクセスするためのインターフェース仕

様（API）が決められていることにより、民間の不動産支援ソフトウェア開発ベンダーは、このRETS仕様に準拠したアプリケーションを開発すれば、各地のMLSに容易に連携接続させることが可能である。米国内において多くのベンチャー企業が不動産テックシステムの事業に挑戦している背景には、このような参入障壁の低さも一つの要因と考えられる。

4　最新の不動産テックの動向

前述のように、米国ではMLSへの物件登録を始めとして、売り手／買い手のマッチング、消費者への情報提供、エージェントの業務支援といった多岐にわたる不動産関連のテクノロジーサービス（米国ではPropTechもしくはReal Estate Techと総称される）が提供されている。不動産テックの各分野と代表的なサービスとしては次のようなものがある。

（1）B2Cポータルサービス（消費者向け物件検索システム）

消費者に向けて公開された物件検索情報サービスであり、Zillow、Realtor.com、Truliaなど多くのポータルサービスが一般消費者へ向けて使いやすいサービスを展開している。住宅の売買を検討している消費者（買い手または借り手）向けに、希望に沿った物件を条件や地理情報から自在に検索できる機能だけでなく、物件の過去の購買履歴、税金情報、エリアの属性（国勢調査情報など）、学校といった、物件を検討するために必要なさまざまな関連情報も含めて、消費者へ向けてわかりやすいインターフェースで豊富な情報を提供しているのがこれら米国の人気ポータルサイトの特徴である。また、スマートフォンやタブレットへ向けた使い勝手のよいモバイルアプリを提供することで、急速に進む消費者のモバイルシフトへ対応している。

（2）AIを活用した価格査定（AVM）・ビッグデータによる予測分析

近年急速に人気を博しているポータルサイトであるZillowでは、現在の

図表4 ZillowのZestimate®

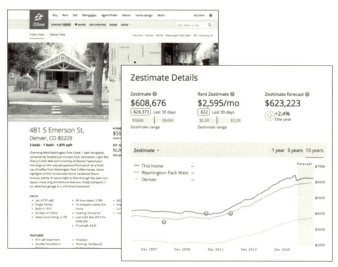

物件の売買査定価格、賃貸予想価格、1年後の予想価格が、過去の推定価格と共に可視化される。

　売り出し価格の他に、Zestimate®と呼ばれるその物件の査定価格情報を提供している（図表4）。Zestimate®では、その物件の現在の売買価格、賃貸に出した場合の価格だけでなく、向こう1年間の予測価格を独自の査定システムを使って算出する。これらの価格査定はAVM（Automated Valuation Model）と呼ばれ、その物件の属性、過去の売買価格、固定資産税評価額など多岐にわたるデータをもとに、最新のAI技術により毎日すべての住宅に対して価格査定モデルを更新している。その後、住宅が売買された際の成約価格を結果としてフィードバックしていくことで、機械学習を進めてモデルをさらに有効なものへ改善している。

　B2Bで提供されている事例として、CoreLogic社によるAVMでは、①自動査定価格（AVM）→②MLSでの売出し価格（Listing Price）→③MLS内での価格推移→④物件成約価格（Sale Price）→⑤登記された売買価格（Sale Price）の各段階での物件価格を収集することで、価格査定モデルをより精度の高いものへと学習させている。

他には、ここ数年で登場してきた新たな取り組みとして、不動産売買価格だけでなく、登記情報や、ソーシャル・ネットワークなどから得られる世帯情報、居住者の購買情報などのビッグデータをもとに、どの住宅が近いうちに売りに出される可能性が高いか？　といった予測分析（Predictive Analysis）サービスをエージェント向けに提供するSmartZip®、Remine®といったベンチャー企業も出現してきている。

（3）エージェントの営業活動を効率化する各種サービス

エージェント向けの不動産テックサービスとしては、業務効率化のシステムも米国のエージェント間で広く利用されている。業務支援ツールとしては、顧客管理を自動化するCRM（Customer Relationship Management）システムのTop Producer®、案件毎の進捗管理から書類作成、電子サインまでの契約実務を管理するトランザクションマネージメントシステムの、TransactionDesk®、Transaction Rooms®、Skyslope®など、煩雑な業務管理をPCやモバイルで一元管理するシステムがここ数年の間に急速にエージェントの間に浸透しつつある。また、契約書面の締結については、MLSの物件データと連動して自動的に各種契約書面を作成するzipForm®などの書類自動作成ツールとDocuSign®、Authentisign®などの電子署名システムの普及で、エージェントは直接顧客のもとに出向くことなく、各種契約書の締結をオンラインで行うスタイルが一般化してきている。

（4）その他の不動産支援サービス、ブロックチェーンを利用した新たな試み

この他にも、MLSの情報から物件のチラシ（フライヤー）を自動作成して指定されたエリアのエージェントに配信するサービスや、鍵の貸し借りなくいつでも内覧を可能とするロックボックスの設置、ローンシミュレーションサービスなど、さまざまなサービスが、個人ベースで活動する米国の不動産エージェントの業務効率化に役立っている。

また、試行実験段階ではあるが、ブロックチェーンを不動産取引や登記に活用するための試みも行われている。2016年には、シカゴのクック郡に

おいてブロックチェーンとビットコインを使った不動産権利移転の実証実験が実施されている。

5　不動産テックの活用を実現しているバックグラウンド

　ここまで見てきたように、米国の不動産エージェントはMLSリスティングシステムを始めとして、取引の各段階においてさまざまな不動産テックシステムを活用して効率的な業務を行っている。それに対して、日本では不動産業は他の業界に比べてシステムの活用が遅れていると言われている。同じ不動産業でありながら、米国でこれだけ多岐にわたる不動産テクノロジーがエージェントに活用されていることには、次のような環境・背景が寄与していると考えられる。

（1）不動産データの整備・公開体制
　以前の章で出てきたように、米国においてはMLSが第一次の物件情報の集積場所として機能しており、MLS内に登録された物件情報は厳格なルールにもとづいてその情報の正確性・鮮度が高く保たれている。MLSに登録された正確な物件情報や成約価格情報は、共通仕様であるRETSを通じて、各種の不動産テックサービスに連携されてさまざまな業務に再活用されている。また、登記情報や固定資産税情報もデータブローカー企業の手によりデータベース化され、全米中のどの物件についても正確な履歴情報や周辺情報を、エージェントがシステムから簡単に閲覧・入手することができる。

　日本においては、成約価格情報はREINSに登録が義務付けられているとはいえ、まだ網羅的によく機能しているとは言えず、不動産の履歴情報の要である登記情報についても、個別の物件の情報は法務局から入手することが可能ではあるが、米国のようにそれを一括してデータベース化した上で利用できる環境は存在しない。登記の全部事項情報は現在一筆335円でインターネットから入手可能であるが、全国の物件情報をデータベース

化することは事実上不可能である。

（2）新サービスが生まれるエコシステム

また、米国ではRESOコンソーシアムにより不動産データの標準化（RETS）が行われており、MLSを始めとする各種の不動産テクノロジー間でのデータの連携を容易にすることで、新しいベンチャーが不動産分野へ進出するための参入障壁を低くし、さまざまなイノベーションが生まれる要因となっている。また、フィンテック同様に、比較的新しい産業分野である不動産テック（PropTech）へ参入しようとするベンチャーに対して、積極的に投資を行うVCやインキュベーターも多く、ハッカソンと言われるスタートアップ向けのプログラミングコンテストも活発に行われている。

（3）ミレニアル世代の台頭

全米リアルター協会（NAR）が毎年発表する不動産エージェント（Realtor®）の平均像は、2016年の白書では「53歳、大卒の白人女性」とされている。日本の宅建業者の平均年齢（2015年度の個人事業者の統計で65.1歳）同様に、年齢層の高い職業であると言える。しかし、近年は1980年代以降に生まれたミレニアル世代が成人して不動産エージェントとして活躍を始めており、また、住宅購入を行う側にもこの世代が急速に増えてきている。ミレニアル世代は、米国では最大の人口を持つ世代であり、今後の不動産売買の中心を担う世代となりつつある。

ミレニアル世代は生まれた時からデジタルデバイスに慣れ親しみ、子供の頃から当たり前のようにインターネットを活用して自ら情報を入手してきた世代であり、彼らが不動産の売買において、テクノロジーを駆使して豊富な情報量の中から欲しい物件を自らの手で検索し、取引の過程でオンラインを通じた効率的な作業を求めていくのは自然な流れとして考えられる。

（4）エージェントのIT化を支えるトレーニング／サポート体制

デジタルネィティブであるミレニアル世代の台頭だけでなく、その上の中高年齢層のエージェントにおいても、不動産テックを利用して豊富な情

報量の入手や、効率的な業務の推進を進めていくことは重要な課題である。そして、この業界の変革にともなう新たな技術の習得を助けているのは、MLSやリアルター協会によるトレーニングやサポートである。MLSでは、会員向けサービスの一貫として、MLSリスティングサービスの利用方法だけでなく、各種の不動産テックサービスの利用方法、さらにはiPadなどのモバイル機器の使い方にいたるまで、さまざまなトレーニングプログラムを提供して、エージェントのITリテラシーの向上を手助けしている。

6 おわりに——不動産テックの今後

　これまでに見てきたように、米国では日本より一歩先んじて不動産業へのテクノロジー導入が進んでいる。また、不動産テック自体も、AI（人工知能）やビッグデータ、ブロックチェーンなどの、これまでの仕組みや概念を大きく変革する可能性を秘めた技術の進歩により、意欲的なベンチャーにより次々と新しいシステムが開発され、市場に出現している。テクノロジーの進歩は、米国だけでなく世界各国にも国境を越えてどんどん伝播しており、日本のシステム関連企業も決して他国に比べて遅れた技術知識や開発力を有しているわけではない。開発力だけをとって見れば、国内にも、十分米国に劣らないだけのシステムを開発することができるシステムベンダーが多数存在するはずである。しかし、米国と比較して、不動産分野でのテクノロジー利用が爆発的に進まない要因としては、不動産情報（データ）そのものの整備や入手が困難なことがあげられる。

　米国では、データブローカーと呼ばれる不動産情報提供企業や、米国政府のData.gov政策による活用しやすいオープンデータの提供環境を背景に、若いスタートアップベンチャーでさえも、大企業を凌駕するようなイノベーティブなサービスを開発、提供するチャンスに恵まれている。例えば、ビッグデータ解析の基盤情報として重要な登記情報にしても、米国であれば全米を網羅するデータ化された登記情報が流通しており、システムベンダーがそれらをもとに、より詳細な物件情報の提供サービスや予測解析

サービスを開発・提供することが可能である。

　また、前述のようにMLSによる正確な不動産物件情報の登録と、RETS標準仕様にもとづくIDX連携技術の公開により、物件検索だけでなく、関連する不動産取引業務を効率化するさまざまな業務システムへデータを連携することが可能であり、それがエージェントの日々の業務を軽減することで、エージェントはより本来のミッションに即した業務（顧客との対応・良質な物件の発掘）へその時間をシフトすることができ、結果として良質なサービスにもとづく不動産流通を増加させることに寄与している。

　日本においても、今後、不動産業者のITリテラシーの向上、ミレニアル世代の台頭などにより、不動産業におけるテクノロジーの活用はより一般的に浸透していくこととなるだろう。そのためには、行政の持つ情報のオープンデータ化の推進と、各所に分散されている不動産情報を連携して活用できるような仕組みづくり、例えばRETSに倣った不動産データの標準化・連携技術仕様の策定など、米国の事例よりヒントを得て取り入れることが可能なコンセプトも多くあるのではないかと思う。

資料

日本の不動産テック企業・
サービス一覧

　図表1は、日本における不動産テックの企業・サービスについて、その概要を整理したものである。

　企業・サービスのリスト化にあたっては、2017年12月時点の各社ホームページ上の公開情報のほか、リマールエステート株式会社、川戸温志氏、株式会社QUANTUMにより作成された「不動産テック業界 カオスマップ」[1]、および日本経済新聞、エコノミスト、CNET Japan、Internet Watch、ITmedia、住宅新報、不動産流通研究所不動産ニュース、全国賃貸住宅新聞、新建ハウジング、リフォーム産業新聞など、各種メディアでの紹介記事を参考にした。

---

1) プレスリリース：http://limar.co.jp/wp-content/uploads/2017/07/8b445bc11ffa7f3b50d99cd13a328f91.pdf
　　個別サービスの内容については、同社提供の不動産テック案内所（http://retnet.jp/）参照。

図表1 日本における不動産テックの例

カテゴリ	取り組みの具体例
シェアリング	・会議室、オフィスの空きスペースの貸し借りのマッチング。例：Spacee、スペースマーケット、eichiii、hOur Officeなど ・コワーキング、オフィスの空きスペースの予約サイト。例：WeWorkなど ・スマートロックを活用した貸会議室運営システム。例：スマート会議室（ライナフ提供）など ・移動店舗、ポップアップストア、展示会などイベントスペースのマッチング。例：軒先ビジネス、SHOPCOUNTER（COUNTERWORKS提供）など ・物流倉庫の空きスペースのマッチング。例：soucoなど ・空き駐車場の貸し借りのオンライン予約。例：akippa、軒先パーキング、toppi!（三井不動産リアルティ提供）、楽天パーキング、スマートパーキング（シード提供）など ・フリーの美容師向け、面貸し美容室の空席予約サービス。例：AirSalon ・店舗での荷物一時預り、ロッカー、物置の個人間マッチング。例：ecbo cloak、monooQなど ・交流用のラウンジを付帯した住宅。例：ソーシャルアパートメント（グローバルエージェンツ提供） ・民泊、宿泊施設のコミュニティー・マーケットプレイス。例：Airbnb、STAY JAPAN（とまれる提供）、HomeAwayなど
スマートシティ	・太陽光発電や蓄電池などの分散電源エネルギーを相互に融通するスマートグリッド。例：柏の葉スマートシティなど ・エリアマネジメントへのビッグデータ・AI活用の実証実験。例：日本橋室町地区（人流データ）、神戸市三宮地下街（冷暖房効率向上）など ・ネットゼロエネルギーの街。例：大和ハウス（スマ・エコタウン晴美台（堺市）、富山市豊田小跡地）、パナホーム（スマートシティ堺・初芝、潮芦屋、草津）など
IoT	・住宅向けIoT（家電制御、室温管理、ドア・窓センサなど）のシステム。例：TATERU kit（Robot Home提供）、HomeWatch（大崎電気工業提供）、leafee（Strobo提供）、Nature Remo、TEPCOスマートホーム、インテリジェントホーム（東急、イッツコム提供）、au HOME、alyssa.（インヴァランス提供）、mouseスマートホームなど ・ZEH・HEMS・IoT住宅ビルダー。例：LinkGates（ミサワホーム提供）、Daiwa Connect（大和ハウス工業提供）、SOUSEI、LIXIL（建材と連携）など ・スマートスピーカー。例：Google Home、Amazon Echo、LINE Clovaなど ・宅内IoT電力メーター。例：eRemote Pro（リンクジャパン提供）、Cube J1（IIJ提供）、AIHEMS（日本住宅サービス提供）、大東建託・東電PG（スマート賃貸住宅の実証試験）など ・クラウド録画型防犯カメラ。例：Safieなど ・スマートロックとオンライン鍵管理システム（主に売り物件、賃貸管理物件向け）。例：Akerun（フォトシンス提供）、NinjaLock（ライナフ提供）、SES-AME（CANDY HOUSE提供）、Qrio Smart Lock、iNORTH KEY（リクルート提供）、スマサポ（キーボックス方式）、Leo Lock（レオパレス21提供）、TiNK（tsumug提供）、RemoteLockなど ・顔認証による賃貸物件エントランスロック開錠システム。例：レオパレス21（NEC NeoFaceを使用）

カテゴリ	取り組みの具体例
IoT	・IoTの民泊、宿泊施設への利用。例：&AND HOSTEL（AMBITION、and factory提供）、TRIP PHONE（iVacation提供。旅行者向けコンシェルジュデバイス）など
VR（Virtual reality：仮想現実）、AR（Augmented Reality：拡張現実）	・VRによるオンライン経由での内見システム。例：VR内見（ナーブ提供）、オンライン内見（Tryell提供）、3D Stylee（エフマイナー提供）など ・VR遠隔接客無人店舗。例：どこでもストア（ナーブ、フォーメンバーズ提供） ・住宅のインテリアのプレゼン。例：iLMiO AR（リビングスタイル提供。ARによる3D家具配置）、ALTA for VR（投影型VRによる3Dプラン）、EOPAN（イオグランツ提供。360度パノラマCGパース）、VRアーキテクツ（フリーダムアーキテクツデザイン提供。3D完成予想のVRモデル）、積水ハウス（邸別自由設計）など ・住宅のリフォーム前後のVRプレゼン。例：中古ミテクレ（リニューアルストア提供）、大京バーチャルリフォームなど ・建設予定地に実物大の3Dホログラム。例：野村不動産、大東建託（いずれもMicrosoft社製Hololensを使用）、SHOWRISEなど ・物件の360度パノラマ写真の閲覧、加工、情報の付加。例：THETA 360.biz（RICOH、LIFE STYLE提供）、みらいえ360（イー・ビジョン提供）、Smart360（エージェンテック提供）、ZENKEI 360（全景提供）、ROOMWARP360（ハウスマイル提供）など ・管理物件の撮影とVRデータ化代行。例：スマサポなど ・建築／設計／デザイン向けVRソフトウェア。例：SYMMETRY（DVERSE提供） ・VRによるオフィステナント仲介支援。例：JLL Smart Office（Jones Lang LaSalle提供）など
物件情報・メディア	・不動産情報総合ポータルサイト。例：LIFULL HOME'S、SUUMO（リクルート提供）、at home、HOME4Uなど ・既存マンション売買物件情報のポータルサイト。例：カウル（Housmart提供。AIによる物件価格推定機能。手数料半額〜無料）、cowcamo（tsukuruba提供。リノベマンション）など ・管理会社、元付け会社の賃貸物件情報のみ掲載するサイト。例：HEYAZINE（イタンジ提供） ・部屋のインテリア実例共有サイト。例：RoomClip（Tunnel提供）など ・物件や街の情報をチャットで回答。例：TALKIE（at home提供）、マイボックス（ハウスコム提供。AIによる自動回答サポート）など ・AIチャットによるオンライン接客型の賃貸物件仲介。例：ietty ・マンション専門家への相談、鑑定依頼ができるサイト。例：マンションライブラリ（東京カンテイ提供） ・不動産の口コミ情報サイト。例：マンションノート（レンガ提供）、マンションレビュー（グルーヴ・アール提供）、いえーるコンシェル（不動産会社の口コミ情報）など ・不動産テックニュースメディア。例：スマーブ（リブセンス提供）など
価格可視化・査定	・不動産（マンション、住宅、土地）の推計価格の提供 ▷不動産の推計価格を地図上に公開。例：GEEO（おたに提供。推定建物原価も）、HowMa（コラビット提供）、LIFULL HOME'Sプライスマップ、ふじたろう（プロパティエージェント提供。AIチャットボットや売却価格一括査定も）など

資料　日本の不動産テック企業・サービス一覧　　　239

カテゴリ	取り組みの具体例
価格可視化・査定	▷特定の不動産の推定価格の査定。例：ウチノカチ（おうち研究所提供）、IESHIL（リブセンス提供。AIによる不動産会社紹介も）、Smoola（マンションリサーチ提供）、マンションマーケット、マンションバリュー（マーキュリー提供）、住まいサーフィン（スタイルアクト提供）、Smart Analyzer for Owners（三井不動産リアルティ提供）、ハウスドゥ（売却価格査定）、OhMy!家賃（ナビプラス提供。平均家賃相場アプリ）など ▷投資用ワンルームマンションのAIによる推計価格の査定と自社買取り。例：HAYAGAI（Fan's提供） ▷投資用不動産の推計利回りの提供。例：Gate.（リーウェイズ提供）、AI-Checker（ロードスターキャピタル提供）など ・不動産の売却価格一括査定サイト。例：イエイ、すまいValue（大手6社提供）、スマイスター（シースタイル提供。注文住宅、リノベ、管理業者等の価格比較も）、ウルアパ（清陽通商提供。一棟マンション・アパート特化）など ・不動産評価アプリケーション。例：TAS-MAP（タス提供）
マッチング	・不動産売買のマッチング、オークションサイト。例：おうちダイレクト（Yahoo! JAPAN、ソニー不動産提供。売主買主の直接取引。売却手数料ゼロ）、スマウリ（日京提供。買取オークション）、さてオク（KT提供。買取オークション）、IKURA（GMO提供。相続不動産のクローズドオークション）、マンションバリュー（売主への直接オファー機能）など ・賃貸住宅のマッチング。例：じぶん仲介（スタイリィ提供。現入居者と情報交換できる）、直談.com（借り手と貸し手が直接契約できる）、ウチコミ！（アルティメット総研提供。大家が直接入居希望者と交渉できる）など ・リノベーション・リフォームのマッチング。例：Renosy（GA technologies提供。AIが既存物件・リノベプランを提案）、リノベる。（既存マンションの購入からリノベまで提案）、SUVACO、Houzz、LIMIA、amazonリフォームストア（費用の事前明示）など ・民泊・転貸可能物件専門の不動産ポータルサイト。例：民泊物件.com（スペースエージェント提供）など ・店舗、オフィスの居抜き移転のマッチング。例：店舗市場（オルトリズム提供）、そのまんまオフィス（サンフロンティア不動産提供）、スイッチオフィス（ヒトカラメディア提供）、みんなのオフィス（アベンチャーズ提供。会員限定で共有）など ・空き時間のある人材と不動産会社のマッチングサービス。例：PMアシスト（アクシスモーション提供）など ・建設業（職人と元請け会社の）マッチング。例：イエール（メディオテック提供。施工会社が運営する職人とのマッチング、施工管理アプリ）、ツクリンク（ハンズシェア提供）、請負市場（メディオテック提供）、建サク、SHELFY（内装施工のマッチング）など ・不動産業に関わる各種専門家とのマッチング。例：OKGAIA（オウケイウェイヴ提供）など
クラウドファンディング	・不動産投資特化型クラウドファンディング。例：OwnersBook（ロードスターキャピタル提供）、Crowd Realty、TATERU FUNDING（インベスターズクラウド提供）など ・不動産特化型ソーシャルレンディング（借り手と投資家のマッチング）。例：Lucky Bank、LC LENDING、maneoなど

カテゴリ	取り組みの具体例
ローン・保証	・最適な住宅ローンを提案するサービス。例：WhatzMoney、モゲチェック（MFS提供）など ・住宅ローンクレジットスコアのオンライン査定。例：モゲスコア（MFS提供）など ・オンラインで住宅ローンの事前審査、借り換え。例：ARUHI、住信SBIネット銀行、みずほ銀行、SUUMO一括ローン相談など
業務支援	・不動産仲介業者向けの営業支援（物件掲載、管理、集客）サービス。例：LIFULL HOME'S PRO、ノマドクラウド（イタンジ提供）、CooRE（クーバル提供）、RIMS（アクア提供）、レンターズ、ESいい物件One（いい生活提供）、いえらぶCLOUD、crasco ReTech（クラスコ提供）など ▷AI（人工知能）自動接客システム。例：AIチャットルームピア（AMBITION提供）、コムるくん（ハウスコム提供）など ▷仲介会社からの物件確認の電話に自動応答するシステム。例：ぶっかくん（イタンジ提供）、スマート物確（ライナフ提供）など ▷スマートロックを活用したセルフ内覧予約システム。例：スマート内覧（ライナフ提供）、内見予約くん（イタンジ提供）、じぶんで内見（クラスコ提供）、mireru（インベスターズクラウド提供）など ▷入居申込受付の電子化。例：キマRoom!（セイルボート提供）、申込受付くん（イタンジ提供）など ・不動産管理業務支援クラウドサービス。例：＠プロパティ（プロパティデータバンク提供）、Centrl LMS（ダイヤモンドメディア提供）、CRE＠M（三菱地所RES提供）、アビーム不動産管理ソリューションACRESなど ▷賃貸不動産オーナー向け。例：OwnerBox（ダイヤモンドメディア提供）など ▷不動産投資会社向け。例：STREAM（Sound-F提供）、T2TR（Japan REIT提供）など ▷投資型クラウドファンディング向け。例：CrowdShip Funding（GrowShip Partners提供）など ▷民泊運営管理向け。例：m2m Systems（matsuri technologies提供）など ・仲介会社と管理会社間のAIチャットと自動物件提案。例：Cloud ChintAI（イタンジ提供） ・物件管理、入居者問合せ対応向けAIチャットボット。例：プロパティエージェント ・マンション向け無人コンシェルジュサービス。例：大京、大和ハウス工業 ・クラウド型映像監視システム。例：SeeIT（CREW SYSTEMS提供） ・システム・ソフトウェア開発とコンサルティング。例：ROOK（コンピュータシステム研究所提供。土地活用事業化支援システム）、構造計画研究所、MKI CRE Suite（三井情報提供）、BMS-CLOUD（ReCI提供。不動産売買仲介業者向け業務支援システム）、HyAS & Co、ネオスなど ・建設工事業務の効率化向け写真共有プラットフォーム。例：Photoruction（CONCORE'S提供） ・クラウド契約サービス。例：CloudSign（弁護士ドットコム提供）、URIRIN（コラビット提供。複数業者に一括で一般媒介契約を締結できる）、IMAoS（ソフトバンク提供。賃貸契約）、アパマン（Docusignと連携。賃貸契約）など
不動産情報	・登記情報のオンライン提供システム。例：ホームズ、トーラス ・おとり物件等の自動判定システム。例：data terminal（ターミナル提供）

資料　日本の不動産テック企業・サービス一覧

カテゴリ	取り組みの具体例
不動産情報	・地盤情報の提供。例：地盤ネット ・物件の周辺情報の提供サービス。例：ZENRIN GIS パッケージ不動産、IESHIL CONNECT（リブセンス提供。災害リスクや住環境データを物件ごとにまとめて提供）、Spaada（マイクロベース提供。ミクロな人口社会統計のレポート作成）など
ブロックチェーン	・不動産売買・決済・権利移転。例：エスクロー・エージェント・ジャパンとOrbによる実証実験 ・不動産情報の共有・利用。例：LIFULLとCAICA、テックビューロによる共同実証実験 ・賃貸住宅の情報管理。例：積水ハウスとbitFlyerによるシステム開発 ・民泊物件における利用の権利移転。例：シノケンとChaintopeによるシステム開発 ・仲介手数料等のビットコイン支払。例：デュアルタップPM（賃貸物件）、JITホールディングスなど

（作成）一般財団法人土地総合研究所 白川 慧一

著者略歴（執筆順）

柳川 範之（やながわ のりゆき）

東京大学大学院経済学研究科・経済学部 教授

1963年生．東京大学大学院経済学研究科修了．経済学博士（東京大学）．慶應大学専任講師等を経て現職．著書に『法と企業行動の経済分析』（日本経済新聞出版社）等．

谷山 智彦（たにやま ともひこ）

ビットリアルティ株式会社 取締役／株式会社野村総合研究所 上級研究員

1978年生．慶應義塾大学総合政策学部，同大学大学院政策・メディア研究科，大阪大学大学院経済学研究科修了．博士（経済学）．

国土審議会企画部会専門委員，内閣府「都市再生の推進に係る有識者ボード」委員，早稲田大学大学院経営管理研究科非常勤講師等．

篠﨑 彰彦（しのざき あきひこ）

九州大学大学院経済学研究院 教授

1961年生．九州大学経済学部卒業．九州大学博士（経済学）．日本開発銀行，経済企画庁調査局，ハーバード大学イェンチン研究所等を経て現職．テレコム社会科学賞（2000年）等受賞．著書に『インフォメーション・エコノミー』（NTT出版，2014年）等．

実積 寿也（じつづみ としや）

中央大学総合政策学部 教授

1963年生．ニューヨーク大学経営大学院修了，MBA（Finance）．早稲田大学大学院国際情報通信研究科修了，博士（国際情報通信学）．郵政省，長崎大学，日本郵政，九州大学を経て，現職．著書に『ネットワーク中立性の経済学』（勁草書房）等．

佐久間 誠（さくま まこと）

株式会社ニッセイ基礎研究所 金融研究部 研究員

1983年生．大阪大学経済学部卒業．住友信託銀行株式会社（現 三井住友信託銀行株式会社），国際石油開発帝石株式会社を経て，現職．

影島 広泰（かげしま ひろやす）

牛島総合法律事務所 弁護士

1973年生．一橋大学法学部卒業．著書に『法律家・法務担当者のためのIT技術用語辞典』（商事法務）等．日本経済新聞社「企業法務・弁護士調査」2016年情報管理分野「企業が選ぶランキング」2位．

斉藤 賢爾 (さいとう けんじ)

慶應義塾大学SFC研究所 上席所員

1964年生. 慶應義塾大学大学院政策・メディア研究科修了. 博士 (政策・メディア). 同大学院特任講師等を経て現職. 著書に『不思議の国のNEO』(太郎次郎社エディタス) 等.

白川 慧一 (しらかわ けいいち)

一般財団法人土地総合研究所 研究員

1983年生. 東京工業大学大学院社会理工学研究科博士後期課程単位取得満期退学. 工学博士 (東京工業大学). 東京工業大学大学院社会理工学研究科特任助教を経て, 現職. 著書に『既存住宅市場の活性化』(東洋経済新報社, 2017年, 共著) 等.

巻口 成憲 (まきぐち しげのり)

リーウェイズ株式会社 代表取締役CEO

1971年生. 立教大学大学院修了, MBA. 早稲田大学大学院修了, MBA (Finance). 外資系監査法人コンサルティングファームを経て, 2014年リーウェイズ株式会社を設立. 同年より現職.

小谷 祐一朗 (おたに ゆういちろう)

株式会社おたに 代表取締役

1984年生. 著書に『仕事に使える「指標」設計入門』(日経BP社),『RESASの教科書』(日経BP社).
yuichiro@otani.co

芳賀 一生 (はが いっせい)

株式会社リブセンス 不動産ユニット ユニットリーダー／株式会社フィルライフ 取締役

パフォーマンス型広告の企画, Amazon Japan Home事業部でのウェブディレクターの経験等を経て, 2016年より現職. 2015年リブセンスにてIESHIL立ち上げを担当.

和田 ますみ (わだ ますみ)

一般社団法人日米不動産協力機構 (JARECO) 研究員

データベースや分析システム, BIMのコンサルタント経験を経て, 現在は米国不動産流通システムの調査・研究を担当.

【編者紹介】
一般財団法人　土地総合研究所
平成4年3月に、日本経済が地価の急激な変動を経験する中で、総合的な土地対策及び不動産業の健全な発展のための基本的な調査及び研究を行うことを目的として、当時の建設大臣、国土庁長官の許可する財団法人として設立された。初代理事長は石原舜介東京工業大学名誉教授（当時）。現在の理事長には平成28年6月に澤井英一（国土交通省都市・地域整備局長、同総合政策局長、内閣官房都市再生本部事務局長、三井不動産㈱専務執行役員、同顧問を経て現職）が就任。平成24年4月に一般財団法人に移行。平成27年2月に日本FP協会からFP継続教育研修機関に認定された。現在、縮退の時代における都市計画法制、土地の所有と管理、不動産流通に関する3つの研究会等を設け、産学官による研究を行うとともに、月刊「メールマガジン」、月刊「今月の不動産経済」の配信及び季刊「土地総合研究」の刊行、FP継続教育研修の実施のほか、その時々のトピックスを中心に有識者による「定期講演会」を年5、6回程度開催。これまでに『超金融緩和期における不動産市場の行方』（平成26年）、『明日の地方創生を考える』（平成27年）、『マイナス金利下における金融・不動産市場の読み方』（平成29年）、『既存住宅市場の活性化』（平成29年、いずれも東洋経済新報社）を編集。
お問い合わせ先：（メール）info@tochi.or.jp／（代表電話）03-3509-6971／（ホームページ）http://www.lij.jp

不動産テックの課題

2018年6月14日発行

編　　者──一般財団法人　土地総合研究所
発行者──駒橋憲一
発行所──東洋経済新報社
　　　　　〒103-8345　東京都中央区日本橋本石町1-2-1
　　　　　電話＝東洋経済コールセンター　03(5605)7021
　　　　　https://toyokeizai.net/
装　　丁……………アイランドコレクション
ＤＴＰ……………アイランドコレクション
編集協力…………渡辺稔大
印刷・製本………藤原印刷
編集担当…………井坂康志
Printed in Japan　　　ISBN 978-4-492-96140-7

　本書のコピー、スキャン、デジタル化等の無断複製は、著作権法上での例外である私的利用を除き禁じられています。本書を代行業者等の第三者に依頼してコピー、スキャンやデジタル化することは、たとえ個人や家庭内での利用であっても一切認められておりません。
　落丁・乱丁本はお取替えいたします。